墜落

「官邸一強支配」はなぜ崩れたのか

森功

Isao Mori

文藝春秋

墜落

「官邸一強支配」はなぜ崩れたのか

目次

はじめに

安倍晋三《あべしんぞう》政権の「居抜き内閣」――。新たな政権の顔ぶれが決まれば、そうなるだろうと予測がついた。それは、形ばかりの自民党総裁選の結果を待つまでもなく、安倍が首相の辞任を発表する前から、すでに菅義偉《すがよしひで》への政権禅譲が決まっていたからだ。

「安倍政権を継続する」

官房長官だった菅はそう言って総裁選を闘った。前首相の意志を引き継ぐ、といえば聞こえはいいが、とどのつまり、ナンバー2が政権をそっくりそのまま乗っ取ったに過ぎない。

もっとも、それは新型コロナ対策の失政に疲れ果て、政権運営にやる気をなくしていた安倍自身の意思でもあった。

「もう菅ちゃんに任せたい」

安倍が周囲にそう漏《も》らし始めたのは、二〇二〇年の七月半ばからだ。

菅新首相への流れは、安倍の辞任発表をきっかけに雪崩《なだれ》をうったかのように伝えられる。だが、実際は安倍の示した後継指名のレールに自民党の重鎮たちが乗っただけである。それゆえ、官邸を中心とした一強の基本構造は変わらない。たとえば新政権の発足で注目された閣僚人事でいえば、官房長官と財務相ポストくらいだ。官房長官には新たに加藤勝信《かとうかつのぶ》が就《つ》き、財務大臣は麻生太郎《あそうたろう》が続投した。新味がなくさほど変わり映《ば》えしない。安倍政権の「居抜き内閣」とはそういう意味である。なによりこれまで安倍政権を支えてきたのが、国会議員ではなく、官邸官僚たちだから、そうなるのも必然だったのであろう。

第二次安倍政権の七年八カ月のあいだ、首相や官房長官は政治主導による政権運営を声高《こわだか》に叫んできた。安倍一強による官邸主導と呼ばれた首相の強力なリーダーシップの下、官邸が物事を決めていく。しかし、その実態は米ホワイトハウスの政治イニシアティブとは大きく性質が異なっていた。

現実に政策を決定してきたのは首相や大臣たちではなく、官邸にいる取り巻き官僚たちだ。官邸官僚たちの大半は出身官庁を退いており、霞が関にいる現役の役人ではないが、役人体質は変わらない。つまり政治主導の実像は形を変えた官僚支配、いわば官邸官僚主導といっていい。

政治主導という大義の裏で、官邸官僚が新たな〝苦労人〟宰相の意に沿う政策を遂行し、変わらず「やっている感」を醸《かも》し出す。それが菅居抜き内閣の基本姿勢である。

ただし、安倍政権とは決定的に違った部分もある。一つは、安倍政権時代に「総理の分身」と異名をとってきた今井尚哉《いまいたかや》のような存在がいなくなった点だ。今井は首相補佐官兼政務秘書官として、まさに政策の矢面に立ち陣頭指揮をとってきた。菅政権の発足とともに、その総理の分身が官邸から去った。表向き内閣官房参与として官邸に籍を残したが、二〇二一年に入り、キヤノングローバル戦略研究所の研究主幹や三菱重工顧問に転出し、事実上、政界から身を引いている。

そしてもう一つ、菅のブレーンたちが前面に出てきた点も大きな変化といえる。菅は竹《たけ》中平蔵《なかへいぞう》をはじめとした新自由主義の学者やスポンサー企業から政策を授かり、それを実行してきた。当人が政権発足時に「国民のために働く内閣」と打ち出したキャッチフレーズは、庶民の望みを実現するという体裁をとっていながら、よくよく見るとどれも旧知のブレーンたちの要望する政策である。そして菅内閣に居残った官邸官僚たちが、ブレーン発の政策を遂行していく。

安倍前政権における官邸官僚には、大きく三つのグループが存在してきた。今井の率いた経産省出身者の首相側近グループ、首相補佐官の和泉洋人《いずみひろと》を中心とした菅官房長官の忠臣グループ、官房副長官の杉田和博《すぎたかずひろ》や国家安全保障局長の北村滋《きたむらしげる》ら危機管理や安全保障を担《にな》う警察官僚グループ、安倍政権ではこの三グループのうち、最も首相に近い今井たち経産官僚グループが、必然的に大きな権勢《けんせい》を振るってきた。わけてもアベノミクスに象徴される経済政策を担い、官邸内で一大勢力を築いてきたといえる。

だが、コロナウイルスが日本に上陸したあとの官邸官僚の迷走ぶりは目を覆うばかりだ。やがて官邸内部の権力者同士のいがみ合いが露《あら》わになり、政策の腰が定まらなくなっていった。今なお、官邸官僚たちは右往左往している。

二〇二〇年一月六日、日本で初めてコロナ患者が発見されてから、はや二年近くが経過しようとしている。武漢から帰国した神奈川県在住の中国人男性が発症し、十六日に厚労省がその病状を発表した。武漢が二十三日に都市封鎖に踏み切ると、官邸は二十八日に中国へチャーター機を飛ばし、日本人を帰国させた。そこまでの政府は迅速な対応をしている。

しかし、このあとの対応がいかにもまずかった。最初が大型クルーズ船「ダイヤモンド・プリンセス」への対応だ。それを託されたのが、菅の腹心の和泉である。

和泉は内閣官房に設置された「健康・医療戦略室」の室長として、感染症研究を謳う加計学園の獣医学部新設を後押ししてきた。新型コロナという感染症の流行に直面し、その対策を担うようになる。

和泉は健康・医療戦略室次長に据えた子飼いの厚労省の医系技官、大坪寛子《おおつぼひろこ》にウイルスの封じ込めを任せた。その大坪は和泉との男女関係まで報じられ、和泉に取り入って出世してきたかのように伝えられてきた。おまけに集団感染が発生したダイヤモンド・プリンセス号のウイルス封じ込めに失敗し、評判は散々だった。すると、二人の〝上役〟である菅もまた、政権の重要政策で蚊帳《かや》の外に置かれるようになる。

二〇一二年十二月の第二次安倍政権発足以来、一強と呼ばれた官邸は、元来一枚岩ではなかった。先の三つの官邸官僚グループが互いにけん制し合い、確執《かくしつ》が生じてきた。なかでも安倍側近グループと菅の忠臣たちが政権内で主導権を競い合った。その権力争いが表面化したのが、二〇二〇年の春だ。安倍の分身を自任する今井は、政権ナンバー2である菅と互角に渡り合えるほどの実力者だった。

ところが、総理の分身と呼ばれ、コロナ対応を一手に握った今井もまた、想像を超えて危険なウイルスの前では大した政策を打ち出せなかった。あげく、今井たち経産官邸官僚グループの失態も露わになっていく。

コロナウイルスが日本国中に広まった二〇年四月、彼らはアベノマスクの全国一斉配布という的外れな感染対策を打ち出した。が、結果は無残だった。そのあとの十万円の定額給付金然《しか》り、持続化給付金の電通中抜き疑惑然りである。

むろん今井たち安倍側近グループがコロナ対策で失態を繰り返せば、彼らを重用してきた安倍自身の責任に通じる。事実、安倍はこの頃からやる気を失っていった。

「六月の検査で持病の潰瘍《かいよう》性《せい》大腸炎再発の兆候が見られた」

のちの首相辞任会見で本人が自ら明かしたように、ストレスのせいで、持病が再発しかけていたのかもしれない。安倍は国会閉会後の記者会見も開かず、表舞台に姿を見せなくなる。官邸の主が不在となり、側近グループの立場はますます危うくなる。

そしてその間隙を突くように、菅が台頭した。と同時に、和泉・大坪コンビもまた、コロナ対応の現場に復帰する。官邸関係者がこう指摘した。

「今井さんたちに代わり、和泉さんは医療分野で目立っていきました。PCR検査の拡充とワクチン開発、それに特効薬の承認の推進を一手に引き受け、コロナ対策の要となっていきました。クルーズ船で立場がなくなるどころか、むしろ大坪さんとともに焼け太ったようにも感じました」

もとはといえば、日本にコロナを蔓延《まんえん》させた原因の一つに挙げられるＧｏＴｏキャンペーンも、実は今井たち経産官邸官僚グループによる仕掛けだった。ＧｏＴｏキャンペーンでは「トラベル」「イート」「イベント」「商店街」という四分野の経済振興策を想定し、経産省が計画の旗を振る予定でもあった。本来、ＧｏＴｏはコロナが収束したあとの経済対策として考えられていた政策だ。官邸関係者が次のように説明してくれた。

「ＧｏＴｏははじめ、経産省がキャンペーン全体を電通に一括して発注する予定にしていました。そのため今井たちは、経産省時代の後輩である西村《にしむら》康稔《やすとし》代議士をコロナ対策大臣に〝指名〟して据えたのです。ですが、ＧｏＴｏを始めるその前に、電通による持続化給付金の中抜き騒動が起きてしまった。やむなく電通がＧｏＴｏ事業から降りてしまったのです」

そんな今井たちによる失態を見逃さなかったのが、官房長官の菅、そして自民党幹事長の二階《にかい》俊博《としひろ》だった。二人は電通が万歳したＧｏＴｏトラベルをＪＴＢ（日本交通公社）に任せ、キャンペーン全体の主導権を握っていく。おまけに菅たちは、夏休みに向けた旅行の振興策として、ＧｏＴｏトラベルを二〇二〇年七月二十二日に前倒ししてスタートさせた。新型コロナウイルス感染症対策分科会のあるメンバーが打ち明ける。

「分科会の尾身《おみ》茂《しげる》会長がのちに『自分たちはＧｏＴｏの前倒しに反対した』と国会でバラしました。そこにはさらなる裏話もあります。まず七月十三日前後に分科会の事前準備をする小委員会で、メンバーの多くから『前倒しをすれば感染が広がる』と反対意見が出ました。それで西村大臣はその場で尾身会長に『今すぐにキャンペーンをやる必要はないし、遅らせよう』と合意していたんです。ところが、夜になって政府の方針が一転、『GoToトラベルだけは七月二十二日からスタートするので、そのつもりで十六日の分科会に臨んでください』とお達しがきた。つまり二十二日からのスタートありき。分科会のメンバーたちには『あとは東京を対象にすべきかどうか、そこの意見を述べてくだされればいい』と指示され、それに従う以外にありませんでした」

これが、安倍政権下でコロナ対策を牛耳ってきた今井たち経産官邸官僚グループから、菅・二階コンビに政策の実権が移った瞬間でもあった。そしてこのときから菅への政権禅譲の動きが始まった。

この間、もう一つの官邸官僚グループである元警察官僚の杉田や北村もまた、むろんコロナ対策のさまざまな場面で登場する。コロナの発生当初、チャーター便で動いたのが、彼ら警察官僚グループだともいわれる。また、もともと安倍が政権移譲の相手として想定していた岸田《きしだ》文雄《ふみお》をバックアップしてきたのが、国家安全保障局の北村だ。北村は岸田の開成高校時代の先輩にあたる。政財官界に数多《あまた》の有名人を輩出する開成高校同窓会で「岸田総理実現」に向け、その世話役を引き受けてきた。岸田にとって北村は心強い援軍のはずだった。

巷間《こうかん》指摘されているように、安倍にとっては、まかり間違って石破茂《いしばしげる》が後任の首相になれば、森友・加計《かけ》・桜を見る会の再調査を始めかねない。それだけは避けたいので、次は岸田に政権を委《ゆだ》ねたい、という選択肢だったのであろう。

しかし永田町におけるその岸田の評判が想像以上に悪かった。おまけに頼りの今井たち側近グループの失政により、内閣支持率の落ち込みに歯止めがかからない。

かくして安倍は心身ともに疲れ果てていった。その末に自らの選んだ道が、菅官房長官への政権譲渡だったのである。ある自民党議員が言った。

「今井は首相の相談相手として今度の辞任劇と政権の禅譲を手伝った。しかし、菅にとって今井はこれまでの怨念《おんねん》もあります。やはり許しがたい相手なのでしょうね。内閣人事局長として菅に仕えてきた官房副長官の杉田を大事にすれば、これまで通り霞が関を抑え込むことができる。あとは和泉に政策の中核を担ってもらえばいい、という腹積もりだったのでしょう」

そうして官邸から今井という剛腕の官邸官僚が去り、菅は新たな政権をスタートさせた。それまでの安倍政権では、官邸一強の幻影に怯《おび》え、霞が関の官僚たちがものも言えずにひれ伏してきたといわれる。その力の源泉が六百八十人の幹部人事を一手に握る内閣人事局だったのは論を俟《ま》たない。警察官僚グループの親玉としてそこを束ねてきたのが杉田である。自民党議員が言葉を足す。

「もともと杉田さんは安倍さんに近いと見られてきましたが、第二次安倍政権の後半になって一挙に菅さんとの距離を縮めてきました。だからこそ副長官の留任が決まったんだと聞いています」

今度の政権では、和泉が今井にとって代わり、新たな総理の分身になるのではないか、と目された。さすがに今井と同じく補佐官兼秘書官という肩書は露骨すぎるので避けたようだ。現に、和泉は菅政権の誕生以来、政策の中核を担ってきた。

新たに官邸の主となった菅は、自ら苦労人の庶民宰相を演じてきた。が、その実像は典型的な利益誘導型の政治家といえる。親しい業者に寄り添い、霞が関の官僚を服従させて政策を押し通してきた。

旧友に対する依怙贔屓《えこひいき》疑惑に揺れた安倍政権に対し、菅にとって便宜《べんぎ》を図る対象はスポンサー企業や親族たちのように見える。そんな官邸政治による歪《ゆが》みがますますひどくなっているように思えてならない。

第一章 安倍「官邸官僚」の決算

安倍政権時代に権力を握り、「総理の分身」の異名をとった今井尚哉首相補佐官兼政務秘書官。菅政権が発足して後、官邸から去った。
（写真提供：共同通信）

安倍最側近「長谷川榮一」の立場

戦後長らく自民党政権を支えてきた官庁は、旧大蔵省と財務省だった。その理由は彼らが国家予算を預かってきたからにほかならない。歴代の大蔵、財務事務次官はことあるごとに首相官邸を訪問し、新聞の首相記録にもたびたび登場してきた。霞が関の中央官庁における要の事務方トップとしてときの首相に直言し、必要に応じて政策の軌道修正を促《うなが》してきた。その面談記録が全国紙に掲載される。朝日の「首相動静」や読売の「首相の一日」、毎日なら「首相日々」、と表題は異なるが、中身はほぼ同じである。

ところが、安倍政権や菅政権では財務省の影が薄い。首相動静を見ても、歴代内閣に比べて財務事務次官の登場回数が極端に減っている。それだけ財務官僚が首相と直接会ってブリーフィングする機会が少なくなった証左といえる。第二次安倍政権でその財務官僚に代わり頻繁《ひんぱん》に首相動静に登場してきたのが、経産官僚たちである。安倍政権のメインストリームを歩んできたといえる。

一方、総理の分身と称された今井も後輩の経産官僚たちを従え、常に首相ブリーフィングに参加してきた。秘書官の本人は新聞には登場しないが、総理執務室で首相のそばにいて、経産省に限らず他省庁の政策にまで口を出す。経産省出身の官邸官僚たちが中枢《ちゅうすう》を握った安倍政権が、経産内閣と呼ばれる所以《ゆえん》がここにあった。

　そんな安倍政権においてもう一人、今井と並び称された大物の官邸官僚がいた。長谷川《はせがわ》榮一《えいいち》である。総理の分身が今井なら、長谷川は総理の最側近だったといえる。官邸官僚の中でも、長谷川は最も首相本人との付き合いが長い。

　一九五二（昭和二十七）年四月二十一日、千葉県木更津市生まれ。当人は地元の木更津第一小、第一中学校を経て、千葉県立木更津高校から東大法学部公法学科に進学した。灘、開成、麻布という私立進学校御三家出身でなく、東大を卒業して七六年四月に旧通産省入りしている。ある意味、珍しいエリート官僚でもある。経産省時代の元同僚が長谷川の印象を語った。

「たしか父親は地元の新聞配達店の経営にタッチしていたと記憶していますが、長谷川さん自身は木更津高校で三年間ずっと首席という秀才です。木更津高校からの東大進学はまれで、まして官僚になる卒業生はほとんどいません。霞が関における学閥がないので、入省後も通産省には仲間がいない。それが災いしたのか、優秀で自信があるがゆえ、かなり唯我独尊的なところがあり、若い頃から省内では浮いた存在でした」

　通産省の同期入省には、立憲民主党の岡田《おかだ》克也《かつや》や自民党参議院議員の高橋はるみなどがいるが、互いの交流はあまり聞かない。通産省に入った長谷川は、米タフツ大学フレッチャー法律外交大学院に留学して修士課程を修了し、通商政策局北米通商企画官や日本貿易振興会ニューヨーク・センター産業調査員を経験した。九四年通商政策局北西アジア課長、九六年東京都労働経済局商工振興部長、九八年産業政策局産業構造課長といった要職を経て、省庁再編後の〇二年には経産省大臣官房企画課長に就いた。後輩の経産官僚が内輪話を明かす。

「経産省では、通産省時代からの伝統で官房が選抜した役人を自民党若手の有望議員のもとに通わせ、パイプをつくっておく慣習がありました。そのなかで長谷川さんは九一年、父親の地盤を継いで代議士になったばかりの安倍さんの担当に選ばれました。二人は馬が合ったのでしょうね。小泉政権で安倍さんが官房副長官に就任したとき、長谷川さんはまだ経産省の一課長でしたけど、秘書官でもないのに副長官室に自由に出入りできていました」

二人は小泉政権時代に急接近したようだ。後輩官僚はこうも言った。

「小泉政権では、経産省が中心となって構造改革特区構想を進めようとしていました。そこで後輩の特区担当者が長谷川さんに頼んで安倍さんのところに連れていってもらった。長谷川さんのおかげで、政務案件として秘書官を通さず、顔パスで官房副長官室に行って安倍さんと面会できたといいます。通常の事務案件だと面会記録を残さないといけないけど、政務案件だったら何も記録が残らないのでとても便利なんです。で、特区担当者が安倍さんに『自民党内に特区委員会をつくってほしい』と頼んだところ、『それなら野呂田《のろた》芳成《ほうせい》さんが委員長として適任だろうね』と野呂田さんを紹介してもらった。おまけに委員長になるよう野呂田さんを口説いてくれたそうです」

長谷川は第一次安倍政権が発足すると、経産省から離れ、特別職の内閣広報官に任命される。第一次安倍政権時代から安倍の期待どおりの活躍をした数少ない官僚だといえる。先の後輩官僚がこう続ける。

「長谷川さんの強みは、海外の新聞や雑誌への人脈づくりでした。国内の外紙記者はもちろん外遊先でも現地の記者を接待して仲よくなり、首相インタビューを実現させる。それで次に『今度、米紙に総理インタビューが出るから、内容を教えてあげる』と国内の新聞やテレビに耳打ちし、飛びつかせる。そうして国内のマスコミを抑えていった。安倍さんは長谷川さんをずい分高く評価していましたね」

「恩義があるから政権を守る」

長谷川榮一の官僚人生はある意味、安倍本人の歩みと似ているかもしれない。第一次政権の崩壊後、失意に沈んだ安倍を励ますため、高尾山の登山を提案した。その逸話は政官界で語り草になってきた。反面、自民党が下野したこの頃は、長谷川自身にとっても苦しい時期だった。民主党政権時の二〇一〇年七月、本人は中小企業庁長官を最後に経産省をあとにする。

このとき長谷川はまだ五十八歳になったばかりだった。経産省の定年は六十歳を迎えた年度末となっており、定年まで一年九カ月も残っていたが、本人は第一次安倍政権のときの挫折があり、霞が関から去ることにした。だが折悪《おりあ》しく、天下り批判をしてきた民主党政権当時だったため、経産省の外郭《がいかく》団体などへの転職もままならない。長谷川はボストンコンサルティンググループ・シニアアドバイザーや明大の経営学部客員教授、東大公共政策大学院教授などに転じ、政治や行政の舞台から姿を消した。なかば官僚人生の幕を閉じようとしていた時期にあたる。

ところが、この間、かつて仕えた安倍に変化が訪れた。〇九年にゼリア新薬から発売された潰瘍性大腸炎治療薬のステロイド「アサコール」を飲み始め、症状が見る見るうちに改善していったのである。高尾山登山に挑戦できるようになったのは、この画期的な薬のおかげで、安倍は長谷川とともに、政権へのカムバックに望みをかけ、それが実現した。二〇一二年の自民党総裁選で安倍の背中を押した菅義偉とともに、長谷川は第二次政権発足最大の功労者の一人に数えられる。

二度の政権にわたり、似たような顔ぶれの側近で固める安倍政権は〝お友だち内閣〟と揶揄《やゆ》されてきた。反面、権力者が寝首を掻《か》かれる恐れのない忠臣を傍《そば》に置きたがるのもまた世の常である。その伝で行けば、一年生議員の頃から仕えてきた長谷川は、安倍にとって自ら政権の座につくとき、頼りがいのあるうってつけの役人だったといえる。

「安倍さんに拾ってもらった恩義があるから、安倍政権を守るんだ」

長谷川もまたことあるごとに後輩の経産官僚にそう語ってきた。そして第二次安倍政権では内閣広報官として官邸に復帰し、政策企画担当の首相補佐官を拝命する。

政策企画担当補佐官は文字どおり、首相の政策をあまねくサポートする立場にある。剛腕と名高い筆頭首相秘書官の今井でさえ、先輩官僚の長谷川のメンツを重んじながら、政策を推し進めてきた。たとえばロシア外交、わけても北方領土の経済活動分野などは、今井が譲り、長谷川を前面に立ててきた。

安倍政権でわが世の春とばかりに振る舞ってきた経産官僚による官邸一強政権のなかで、長谷川は今井と一線を画《かく》しながら、存在感を示してきたといえる。

二人はともに第一次政権時代から安倍晋三を支え、自民党が下野した折には三人でいっしょに高尾山に登って安倍を励ました。独断専行タイプの長谷川と今井は古巣の経産省内ではトップに立てなかったが、安倍に認められた。その意味では二人の境遇も似ている。

だが、決してともに肩を組んで首相を担いできたわけではない。今井は先輩官僚の長谷川を頼ることなく、自らの手足となって動く後輩を使いながら、総理の分身と呼ばれるようになっていく。

日本人が体験したことのない政治

二〇〇六年九月二十六日から〇七年八月二十七日までの第一次政権、二〇一二年十二月から始まった第二次政権を足し合わせると、安倍内閣の通算日数は、二〇一九年十一月二十日をもって二千八百八十七日目に突入した。この日、首相在任期間が戦前の桂太郎《かつらたろう》を抜いて憲政史上最長となる。

「われわれ日本人は、これまで体験したことのない政治に遭遇することになる」

一九年秋、霞が関の役人の中に、安倍長期政権をそう表現するキャリア官僚もいた。それどころではなく、退陣する二〇二〇年八月までを加えると、安倍晋三政権は九年近い。第二次政権だけで実に七年八カ月という長い政権を築いた。

東京都千代田区にある首相官邸の玄関は、「永田町バイパス」と呼ばれる国道二四六号線に面している。新聞各紙は、日々この正面玄関の出入りをチェックし、いつ誰が首相と会っているかを、短く伝える。

最長政権となるまでの一年ほどのあいだ、一八年八月から一九年九月までの朝日新聞の首相動静にある、登場回数ベスト5をめくり返してみた。トップは、八月まで国家安全保障局（ＮＳＳ）の局長を務めていた谷内正太郎《やちしょうたろう》の一六九回だ。次いで二位が外務事務次官の秋葉剛男《あきばたけお》の一六五回、三位が前内閣情報官北村滋の一四七回、四位外務審議官の森健良《もりたけお》の一一二回、五位アジア大洋州局長金杉憲治《かなすぎけんじ》の六七回といった順になる。

多くはいわゆる政府高官や中央官庁の幹部たちによるブリーフィングの回数を示す。地球儀外交を標榜《ひょうぼう》する首相だけあって、外務省関係者の面談が際立って多く感じる。反面、これはある種、首相が外交に熱心に取り組んでいるというプロパガンダのようにも受け取れる。言ってみれば、首相動静の登場回数は、これだけ総理と直接会い、重い仕事をしているんだぞ、という官僚たちのアピールに過ぎないかもしれない。

首相官邸には、外堀通り沿いの溜池山王《ためいけさんのう》方面から入れる裏口があり、それがときたま取り沙汰《ざた》される。あたりは機動隊の車両が常駐し、隊員が警備をしていて物々しい。立ち止まって官邸のほうを見ていると、すぐに誰何《すいか》される。世間にあまり知られたくない面会者は、この裏口から首相官邸に入る。

裏口に面した路地を隔《へだ》てたビルには、国家安全保障局や内閣危機管理監の執務室などが入居している。彼らにとって機密を要する首相報告は、裏口を使っていることのほうが多い。

また、官邸の地下一階には危機管理センター（内閣情報集約センター）が置かれ、そこにも危機管理監や内閣情報官が勤務する。そのままエレベーターで首相執務室まで上がれば、一階に常駐している新聞記者たちに知られず、簡単に首相と面談できる。加えて首相執務室前にはどんでん返しの扉が隠され、扉をひっくり返すと、エレベーターが現れる。首相は専用エレベーターで地下の危機管理センターまで下り、密かに内閣情報官と会う。

こうした危機管理システムがあるため、新聞の面談記録だけでは首相官邸の動きがなかなか読み切れない。それでも、そこに載る訪問の頻度《ひんど》は、いわば首相の信頼のバロメーターになる。とりわけ首相動静登場トップに輝いた国家安全保障局長の谷内や三位につけた内閣情報官の北村は、安倍晋三が最も頼りにしてきた政府の要である。一強と呼ばれる官邸政治を支え、政策を遂行してきたのが、彼ら「官邸官僚」たちだ。

第二次安倍政権の発足当初は、誰もがこれほど長期の内閣を予想していなかった。それが二年目に入った一四年あたりからだろうか、永田町で「安倍一強」と呼ばれるようになる。ここから長期政権の道が開かれていったといえる。

もとより一強を支えてきた要因は、さまざまある。さしずめ野党の体たらくは、その最も大きな一因に違いない。あるいは首相に対抗できる自民党内の人材不足という側面も否めない。石破茂や岸田文雄、石原伸晃《いしはらのぶてる》といった本来、首相と競い合う派閥の領袖《りょうしゅう》たちがいかにも頼りない。おまけに河野太郎《こうのたろう》や加藤勝信、小泉進次郎《こいずみしんじろう》など、有望視されている若手議員たちは、育ちや見てくれがいいだけで、さっぱり中身が伴わない。

面と向かって首相にものを申せる政界の実力者といえば、せいぜい自民党幹事長の二階俊博か、官房長官の菅義偉の二人ぐらい、というのが永田町雀たちの国会議員に対する評価だ。二階と菅の二人は表向き、ともに政権を支える側の立ち位置を表明してきた。政権を長持ちさせることが彼らの共通の利益でもあったため、どんな不祥事があってもカバーし合って政権崩壊にはいたらなかった。

そして結果として続いた長期一強政権において、官邸官僚たちが首相や官房長官の威《い》を借り、政策を操ってきた。彼らはすでに出身官庁から離れ、官邸に籍を移しているケースも少なくないため、はじめは官邸の住人という意味合いから官邸官僚と呼ぶことにした。ただ、いまや霞が関には官邸勤務に限らず、所属する官庁ではなく官邸の意向で動く官僚がいたるところにいる。彼らもまた官邸官僚に属する。従来の自民党政権には存在しなかったタイプの役人たちであり、かつてのエリート官僚たちに代わり、事実上、日本を動かしているといってもいい。

安倍内閣における官邸官僚のうち、筆頭格はやはり今井尚哉に違いない。第二次政権の発足以来、首相の政務秘書官を務めてきた。また首相補佐官の和泉洋人は、総理の影と呼ばれた菅義偉が官房長官に就任してから政権ナンバー2の懐刀《ふところがたな》として機能してきた。官房長官の意に沿い、多くの重要政策に首を突っ込んだ。さらに首相動静にたびたび登場する内閣情報官の北村滋や官房副長官の杉田和博は、政権に不祥事の匂《にお》いがすると、それを封じ込めるべく立ち回ってきた。

最長最強と持て囃《はや》された政権の裏では、立場の異なる官邸官僚たちがそれぞれの役割を背負った。その彼らには立場に応じたメリットがあり、政権内には複雑な思惑が渦巻いてきた。

安倍政権は、いつごろから「経産省内閣」と呼ばれるようになったのだろうか。むろん第一次政権のときは、そんな俗称が生まれるような特徴ある内閣でもなかった。だが、第二次政権がスタートしてほどなくし、霞が関でそう称する官僚がポツポツ出てきた。それは、首相の分身として寄り添ってきた秘書官の今井が目立ち始めた二〇一四年ぐらいからだろう。

祖父の岸信介《きしのぶすけ》以来、憲法改正を悲願とし、今の自衛隊を国防軍へ看板を付け替えたい安倍は、必ずしも経済に明るかったわけではない。第二次政権でアベノミクスなる景気対策を前面に打ち出し、そこをカバーしてきたのが、今井に代表される経産省出身の官邸官僚たちだ。わけても首相の筆頭秘書官として霞が関を睥睨《へいげい》してきた今井は、安全保障関係法制の制定に向けた一五年の強引な通常国会の運営により批判が高まるや、新たなアベノミクスの宣伝に努め、内閣支持率の回復を図った。その経済政策づくりの実働部隊が後輩の経産官僚たちだった。

今井チルドレン「新原浩朗」

憲政史上最長となった第二次安倍政権は何度かピンチを迎えている。最初が二〇一五年の夏から秋にかけた頃だ。安全保障関連法の通常国会審議により、この年の七月、マスコミ各社の世論調査の内閣支持率が四〇%を割り込み、不支持率が上回った。すると政務秘書官の今井をはじめ官邸が慌てふためき、支持率回復に躍起になる。

今井は自ら陣頭指揮を執って古巣の経産省に新たな経済政策を作成させた。それがアベノミクス第二弾と称した新たな景気対策だ。その経済政策を発表すると同時に、財務省の事務次官だった田中一穂《たなかかずほ》を説き伏せ、消費税一〇%の増税を見送らせた。田中は今井にとって、第一次安倍政権時代に事務担当秘書官を務めた首相秘書官仲間五人のうちの一人であり、交渉しやすかったのかもしれない。

「財務省まで屈服させた剛腕の首相秘書官」

今井はこの頃から霞が関や永田町でそう呼ばれ、安倍一強政権の中心となる。

今井の主導したアベノミクス第二弾では、具体策づくりを新原浩朗《にいはらひろあき》に命じた。おかげで延長された国会会期末の九月になって、ようやく内閣支持率が不支持率を逆転する。その様子を間近で見ていた古巣の経産官僚たちは、新原のことを「ミニ今井」あるいは「今井チルドレン」と呼んだ。

新原浩朗は一九五九年十月、両親の出身地である福岡県に生まれた。日本電信電話公社（現ＮＴＴ）に勤めていた新原の実父満生と実母の千里に会うことができた。

「浩朗は福岡で生まれ、小学校のときにこちら（東京）に引っ越しました。（電電公社では）関東の勤務が多く、あの子は東京の官舎から高校に通いました。東大に受かったときは嬉しかったですね。高校を卒業して早稲田に受かって、翌年に慶応に受かりました。慶応に通いながら東大に合格したので、結局二年浪人したのといっしょですが……」

そう語る満生は九州大学理工学部を卒業している。高校、大学ともに働きながら卒業した苦労人だ。満生が二十五歳のとき、新原が生まれたというから現在、八十代後半である。両親の思い出から、ひとり息子に対する深い愛情を感じる。新原は海軍予備校からスタートした東京の名門私立「海城高校」から二年遅れて東大経済学部に入っている。満生はこうも言った。

「たしか浩朗が小学生のとき、ＮＨＫの討論番組に出ましてね。そこで（受験戦争に絡《から》む進学塾問題について）反対論をぶっていました。勉強は自分でするものだという考えだったのでしょうね。番組ではＮＨＫから二十四色だか四十八色だかのクレヨンのご褒美《ほうび》をもらいました。ただし、高校のときはそれでは受験に勝ち抜けないと悟って、駿台の予備校に一年半くらい通っていました」

新原は八四年三月、東大経済学部を卒業して旧通産省に入る。九七年に大臣官房総務課課長補佐や九八年に産業政策局総務課課長補佐といったエリートコースを歩み、〇七年に経済産業政策局産業組織課長、二〇一〇年には民主党の菅直人《かんなおと》内閣で首相秘書官に就いた。首相秘書官は局長一歩手前の優秀な官僚が選ばれる。ここまでは順風満帆な役人人生だったといえる。そうして翌一一年、経済産業省へ戻り、大臣官房審議官、さらに資源エネルギー庁省エネルギー・新エネルギー部長となる。先の経産官僚はこう明かす。

「新原は菅直人首相秘書官を務めたとき原発事故に直面しました。そこから原発後のエネルギー政策として、電力会社が決められた価格で太陽光発電を住宅から買い取るＦＩＴ（固定価格買取制度）政策を推し進めるようになったのです」

だが、民主党政権時代に新原の作成したこの政策が、躓《つまず》きとなる。経産官僚が続ける。

「新原は一キロワットあたり四十二円という法外な高額買い取り価格を設定しました。それで太陽光発電が一挙に増えたのはたしかです。民主党政権にとっては、大歓迎する政策でした。しかし自民党の原発推進派には不評で、FITは買い取り価格が高すぎ、電力会社の経営を圧迫してしまいました。それで経産省内でも新原の政策が問題視された。挙句、経産省から出されてしまった。新原は民主党時代に太陽光発電政策を進めたことがあだとなり、経産省内の出世コースから外れてしまったのです」

エネ庁のエリート官僚だった新原は二〇一三年、経産省から厚生労働省に出向して大臣官房審議官となり、さらに翌一四年七月には内閣府の官房審議官となる。すでに自民党が政権を奪還し、安倍晋三が首相に就いていた。経産官僚が省内の事情を解説してくれた。

「内閣府への出向はいわば左遷で、少なくとも次官レースから外れることを意味します。このとき新原を救ったのが、安倍首相の政務秘書官の今井さんでした。八二年入省の今井さんにとって新原は二期下。今井さん自身はあくまで原発エネルギー推進論者で、太陽光発電に関心がないけれど、新原の馬力だけは認めていました。二人はある種特別な関係といえます」

原発推進派の経産省主流派からの新原評は芳《かんば》しくなかったようだが、今井の価値基準はそこではないという。経産官僚が次のように言葉を足す。

「今井さんが部下を判断する基準は、思想信条や政策の是非ではありません。いかに突破力があるか、理論構築力があるか、そこを見ています。その点、新原は民主党政権の指示に四の五の言わず、与えられたミッションに突き進んだ。それでそばに置き、使おうとしたら、思った通り突破力がある。今井さんは新原のことが可愛くて仕方がなくなっていきました」

新原は還暦を過ぎ、元タレントの菊池《きくち》桃子《ももこ》と結婚した。それまでずっと独身を貫いてきた分、仕事に対する姿勢はストイックなのだという。

一億総活躍社会で菊池桃子と

折しも第二次安倍政権の三年目、一五年秋以降、今井はアベノミクスの第二弾と称して「GDP六〇〇兆円達成」や「一億総活躍社会」といった耳ざわりのいい経済政策のスローガンを華々しくぶち上げた。その政策づくりを新原に任せた。まさに安倍一強政権と言われ始めた時期にあたる。

今井が内閣審議官の新原に策定を命じたアベノミクス第二弾のうち、一億総活躍社会の実現は、まさに新原の役人人生を変えたといっていい。その一環である働き方改革のための労働関連法改正のさなかに菊池桃子との縁ができ、二人は結ばれた。内閣官房に設置された「一億総活躍国民会議」の事務局長が新原で、会議の有識者として選ばれた民間議員が彼女だった。経産省時代の同僚が語った。

「副業の容認や残業を規制した働き方改革は、安倍政権における一丁目一番地の政策でした。反面、経団連や連合からの反発も結構ありました。そこで今井さんはもっぱら新原に経団連との交渉をやらせました。今井さん自身、かつては経団連担当の経産官僚だったので、新原は今井さんの名前や人脈を使うこともでき、連合や経団連の反対を突破したのです。それで、ますます今井さんは新原が可愛くなったのではないでしょうか」

事実、働き方改革については、経済界からの異論も少なからずあった。経団連会長だった榊原定征《さかきばらさだゆき》は、一七年二月二十日の会見でこう述べている。

「経団連は（残業の）上限規制を設けることには賛成しているが、前提として次の三点に留意する必要があるというスタンスである。第一に、日本ではこれまで社員の勤勉さと長時間労働が産業競争力を支え、国際競争力の源泉となってきた側面がある。実態を離れた急激な規制は企業の競争力を損なう懸念がある。第二に、大企業では社員数も多くなんとかやり繰りできるだろうが、中小・零細企業では、絶対的に人が少ないうえに、昨今の人手不足の状況下、必要な人材の確保がままならないこともあり、現状とかけ離れた上限規制を課されると、経営、操業そのものが成り立たない。第三に、規制が厳しすぎると、結果として、規制対象外の管理職に過度な負担がかかる懸念が生じる」

新原はそんな異論を封じ込めながら、曲がりなりにも働き方改革の関連法案を練っていった。やや強引に映るその新原のやり方については、経産省内における評判もあまりよくないという。

「新原は働き方改革の論理構成や法案づくりのために、土日もなく部下を出勤させてきた。それで、『新原さんは独身だからいいけど、こっちは小さな子供の面倒もみなければならない。働き方改革のプランをつくっている俺たちがブラックなんだから、洒落《しゃれ》にならないよ』と若手から反発されていました。

その一方で、官邸からの受けは抜群によく、とりわけ今井さんは新原を頼るようになった。やがて新原を内閣府統括官に引き上げ、そのあと事務次官昇進含みの経産省ナンバー3の経済産業政策局長に押し込んだのです」

日韓慰安婦合意のマスコミ操作

もっともアベノミクスの第二弾だけでは、思ったほど内閣支持率は上がらなかった。そんな一五年の年の瀬に飛び込んできたのが、日韓の慰安婦合意だった。ある外務省幹部が告白する。

「あの慰安婦合意は、内閣支持率回復のためにもってこいの材料だ、と今井さんが判断したのでしょう。安倍人気の挽回《ばんかい》のためには、岸田さんの手柄にしては意味がない。それで、首相が慰安婦合意を主導したかのように、NHKに日韓協議をリークしたのです。外交の安倍というイメージづくりのためにね」

NHK側で日韓外相会談をスクープしたのが、安倍の首相番記者を長らく務めてきた政治部の岩田明子《いわたあきこ》だという。彼女は今井とも親しく、官邸のシナリオどおりに動く記者だともいわれていた。そのあり様は、官邸によるマスコミコントロールというより、むしろ御用メディアと権力が一体化しているように受け取れる。ここから今井の率いる経産省出身の官邸官僚たちが絶頂期を迎えていく。今井は役人やマスコミだけでなく、閣僚までコントロールしていった。

「今井さんに対しては、これまでも政治部の番記者たちがありがたがって情報をもらい、言われるがままでした。まともな記者なら内心は忸怩《じくじ》たる思いでしょう。その傾向は記者や役人だけにとどまりません。自民党議員のなかにも、今井さんに煮え湯を飲まされてきたという思いが根強い。岸田さんなんかは、相当悔しがっていました」

外務官僚は今になってそう話した。ポスト安倍をうかがってきた岸田文雄は、いま一つ頼りなく見られている。だが、実は霞が関の官僚たちの評価はけっこう高い。わけても岸田の功績として今も政府内で語られるのが、外務大臣時代の日韓慰安婦合意である。

岸田は二〇一五年十二月二十八日、韓国の尹炳世《ユンビョンセ》外交部長官と外相会談に臨み、外相同士の話し合いにこぎ着けた。そこで双方の外相が「（慰安婦問題が）最終的かつ不可逆的に解決されることを確認する」と表明した。そのうえで、日本政府が韓国政府の設立する財団機構に十億円を拠出し、それを慰安婦たちの支援に充てるとした。

今後、日韓両政府は国際社会で慰安婦問題を持ち出さない、という内容まで含んだ画期的な合意だといえる。朴槿恵《パククネ》政権時代の日韓外交であり、その後、文在寅《ムンジェイン》政権で起きた徴用工を巡るとり扱いとは雲泥《うんでい》の違いがある。この日韓合意を進めたのが岸田だった。だが、ここでもやはり岸田の印象は薄い。なぜか。

実は日韓交渉の当初、首相の安倍は慰安婦合意にこぎ着けられるとは考えていなかったという。動きそうにない安倍の背中を押したのが岸田にほかならない。日韓合意の四日前にあたるこの年十二月二十四日、クリスマスイブのことだ。夕方六時過ぎ、日韓交渉に消極的だった安倍を説得するため、外相の岸田が国家安全保障局長の谷内正太郎と外務事務次官の齋木《さいき》昭隆《あきたか》を伴い、首相の執務室で安倍本人と向き合った。

「総理、事務方が頑張ってくれたおかげで、そろそろ煮詰まってきました。外交部の尹長官との会談をセットしようと思います」

そう口火を切った岸田に対し、安倍はいつもの早口で言を左右にするばかりだった。

「岸田さん、そうはいってもねぇ。向こうはいつも約束を破る国だからね。いざ外相会談を開いたけど駄目でした、では、あまりに政権へのダメージが大きいんですよ」

あくまで慎重だった。しかし岸田は引き下がらなかった。こう畳み掛けた。

「総理、もうすぐ二〇一五年も終わります。つまり日韓正常化五十周年の年が……。この五十年という節目を逃して合意をまとめず、来年に交渉を持ち越すと、どうなるでしょうか。日韓交渉は永久に漂流しますよ。それでいいのですか」

声は決して大きくはない。が、岸田の決意は固かった。

「えっ、漂流？　岸田さんはそこまでおっしゃるの？」

安倍はなにより「漂流」という言葉が引っかかったようだ。交渉の舞台についていながら、成果がない、とマスコミから責められる。その不安が頭をよぎり、迷った。

「うーん、なら、おっしゃるように岸田さん、韓国に行ってください」

そう答えた。そして、こう付け加えることを忘れなかった。

「ただし、その代わり、プレスにどう発表するか、そこは私たちに任せてくださいね」

むろん岸田に異存はない。執務室をあとにした。

この「私たち」の意味するところが官邸スタッフである。そこにはむろん、秘書官の今井が含まれる。すぐに今井が動いた。岸田が官邸から外務省に戻ると、一階玄関には外務省担当の霞クラブの記者たちが待ち構えていた。

「大臣、総理から訪韓を命じられたのですね。いつ韓国に行くのですか」

岸田が質問攻めに遭って面食らっていると、外相秘書官がそばに駆け寄ってきて耳打ちした。

「大臣、大変です。テロップが流れています」

岸田が官邸から外務省に向かうわずか二〜三分のあいだに、NHKが夕方のニュースで緊急テロップを流していたのである。

〈首相、慰安婦問題で岸田外相を韓国に派遣〉

安倍自身は日韓合意に疑心暗鬼であまり乗り気ではなく、官邸で岸田の説得により日韓外相会談の開催を了解したに過ぎない。ただし、慰安婦合意交渉がうまく運んで岸田の口から内容を発表されると、すべてが外相の手柄になる。そこで官邸サイドが先手を打ったわけだ。あたかも首相の指示で岸田が日韓合意交渉に向かい、韓国の尹との外相会談に臨むことになった。そういうシナリオを描いたのである。

そして岸田が外務省へ戻るわずか数分のあいだに官邸からNHKに情報を流した。官邸における会議で安倍が最後、岸田に「プレスにどう発表するか、そこは私たちに任せてください」とわざわざ念を押したのは、まさにそのためだった。その振り付け役が誰なのかについては、もはやいうまでもないだろう。秘書官からスクープをもたらされたＮＨＫ記者についても同様だ。

そして官邸の思惑どおり、日韓慰安婦合意のおかげで年末から年明けにかけて内閣支持率は一挙に回復したのである。

官邸の秘蔵っ子「佐伯耕三」

今井尚哉は内閣支持率を上げるため、後輩の経産官僚を動かしてきた。意のままに動く経産官僚の今井チルドレンは、むろん新原だけではない。首相のスピーチライターを務めてきた佐伯耕三《さいきこうぞう》もまた、経産省出身の官邸官僚の一人だ。史上最年少の首相秘書官として、あの桜を見る会でもずいぶん活躍してきた。

今井は安倍政権の広報マンを自任してきた。当人にとって政策ＰＲに躍起《やっき》になってきたのは、第一次安倍政権時代からだ。二〇一八年春、今井自身にインタビューしたとき、自信満々にこう語った。

「総理官邸では経産省から来る事務秘書官が広報担当になるので、僕はもともと第一次政権のときからそこにかかわってきました。その流れで第二次政権が発足して政務秘書官になってからも、総理の重要スピーチを書いてきたわけです。スピーチは勘所《かんどころ》が難しいので、

（他の）事務秘書官が用意してくれたものは、はっきり言って大して役に立たない。一五年に発表した戦後七十年総理談話とか、ああいうテーマはやっぱり僕の仕事になる。全体としてこういうメッセージを発し、演出をしましょうという話になる。そこは、どうしても僕が前面に出ざるをえないのです」

安倍政権におけるイメージ戦略を担ってきた今井は、政権イメージが落ちるたびに挽回策を練ってきた。そこには補佐役が欠かせない。それが佐伯耕三である。

兵庫県の名門、灘中学、灘高校から東大に進んで一九九八年に旧通産省入りした佐伯は、今井の秘蔵っ子として知られる。今井チルドレンのなかで最も若いが、第一次安倍政権でも今井秘書官の補佐役として官邸入りしている。佐伯は第二次政権になってからも官邸内でとりわけ異彩を放ってきた。第二次政権発足当初から課長級の内閣参事官という立場で政務秘書官の今井をサポートし、とりわけ一五年の安保法制審議や戦後七十年首相談話のときのスピーチライターとして名を売った。経産内閣で最も幅を利かせてきた一人である。

一七年に入ると、モリカケ問題が勃発《ぼっぱつ》し、安倍政権は安保法制で内閣支持率が急落したときにも増して苦境に立たされた。この年の七月、霞が関の定期人事で経済産業省出身の宗像直子《むなかたなおこ》が広報担当の首相事務秘書官を退く。すると、八四年入省の宗像から十四年もあとの佐伯がその後釜に座る。主要課長や局の審議官、場合によっては局長を経て就任することが多い首相秘書官のなかで、史上最年少の四十二歳という、参事官からの抜擢だった。異例の早い出世は、むろん今井の声がかりであり、一八年のインタビューでも滅多に他人を褒《ほ》めない今井が佐伯のことをこうべた褒めしたので驚いた。

「総理の演出そのものは僕がやらなければならない部分はありますけど、まあ、基本的に僕は広報の仕事から足を抜きつつあるし、これまでも少しずつ佐伯君に任せてきました。彼の（スピーチ原稿）はテンポがいいでしょう」

モリカケ問題という最大のピンチに直面した安倍政権は一八年七月、野党からの延長要求を無視し、慌てて通常国会を閉じた。するとメディア各社の内閣支持率は軒並み四〇％割れし、なかには二〇％台まで落ち込んだところもあった。改めて強調するまでもなく、その原因は誰も信じないような話を平然と繰り返してきた財務省や国交省の関係官僚たちの国会答弁にあった。だが、見方を変えれば、最後まで無理を貫かせた圧力が、政権の命根をつなぎとめたともいえる。いわば佐伯は、そんな政権親衛隊の先兵として起用された。モリカケ国会では秘書官の立場で野党に野次を飛ばして顰蹙《ひんしゅく》を買うが、本人はまったく意に介さない。

モリカケ国会のさなか、霞が関では「ＰＭメモ」なる首相官邸の指示が話題になったことがある。ＰＭとはＰｒｉｍｅ Ｍｉｎｉｓｔｅｒの頭文字をとった略称である。首相の指示が記されたそのメモが、国会答弁に立つ関係官僚のところにしばしば手渡されていたのである。

首相の懸案は、やはり森友学園の国有地不当値引き疑惑だ。財務省の決裁文書の改ざんが明るみに出て国会を揺らした。もとはといえば、それは首相自身の「私や妻が土地取引にかかわっていれば、総理も国会議員も辞める」と言い張った国会答弁が原因で、責任者だった佐川宣寿《さがわのぶひさ》元理財局長がその首相答弁の矛盾に無理やり合わせるかのように、国会でもシラを切り通した。国会で話題になったＰＭメモは、もっぱら答弁する他の官僚に対し「佐川を見習え」という指示だった。

「実際、ＰＭメモは森友学園の建設用地を所有してきた国交省の航空局長のところにもまわってきました」

そう証言する国交省の官僚もいた。くだんのインタビューで今井にその件を問うてみた。苦笑いをしながらこう答える。

「国会当日の朝、僕は全秘書官を集め、あがった答弁について総理の前で打ち合わせをします。だいたい二時間、『ちょっとこれはあいまいだな』とか『これ詰められたら、この資料をつけておいたほうがいいね』とか、『もっと真正面から言わなきゃ駄目だよ』とかアドバイスをする。で、たしかに『(ＰＭメモを渡したのは) 誰だ』と問いただしたこともあります。しかし、秘書官のなかにはいませんでした。仮に佐伯君がそうなら、国会のTV中継にメモを渡す姿が映るはずだからすぐにわかりますよ。政務秘書官である僕は国会に出ませんから（PMメモによる指示は）ありえません。だからPMメモなんて存在しなかったんです」

その話を受け、複数の政府関係者に改めて確認してみた。そのうちの一人はこう証言してくれた。

「PMメモは国会の最中に手渡されたわけではなく、休憩中にまわってきたもの。間違いありません」

今井チルドレンの筆頭格である佐伯は今井を介さず、首相とダイレクトに話をしているケースもあったという。今となってはPMメモによる官邸の指示の真相は藪《やぶ》のなかというほかない。

権力の末期症状

いつのまにかまわりに政敵がいなくなり、権力基盤が安定したからといっても、権力者は高枕で熟睡できるわけではない。政権が長くなればなるほど、傍に仕える腹心の裏切りが怖くなる。常に蟻《あり》の一穴を恐れ、不手際のあった者は片っ端から切り捨てていく。それを目《ま》の当たりにし、残った側近たちはただひたすら権力者の意に沿い、ときに威を借りて反対意見を抑え込む役割を担う。そして彼らはずる賢い佞臣《ねいしん》と化し、国を亡ぼす――。

いわばごく一般の権力の末期症状なのだが、そのいくつかは安倍政権にあてはまっているように感じる。

二〇一七年から一八年にかけて通常国会を揺るがせたモリカケ問題では、多くの不祥事が明るみに出た結果、問題に対処したエリート官僚たちが次々に霞が関から去っていった。森友学園でいえば佐川宣寿、加計学園では柳瀬唯夫《やなせただお》がその代表だろう。また、一九年に持ちあがった桜を見る会では、内閣官房や内閣府の課長たちが責めを負ってきた。

愛媛県における加計学園の獣医学部新設に向けて奔走《ほんそう》した経産省の〝柳瀬発言〟を借りれば、モリカケサクラはどれも「首相案件」である。柳瀬はそこで矢面に立ち、経産省を追われる結果になった。

一九八四年四月に旧通産省入りした柳瀬は、八二年入省の今井尚哉の二年後輩にあたる。二人はともに経産省でエネルギー畑を歩み、原発維持論者として知られた。民主党政権時代、資源エネルギー庁次長として福島第一原発事故の対応に迫られた今井が原発ゼロ政策に抵抗してきた件は、私自身何度も書いてきた。もっとも、原発の具体的な政策については、むしろ今井より柳瀬のほうが通じている。柳瀬は二〇〇〇年から〇二年にかけて問題になった東京電力の原発データ改ざん事件を受けた〇四年六月、エネ庁の原子力政策課長に就任した。そこで原発立国論をぶち上げ、下火になりかけた原発の核燃サイクルを進めてきた。

その柳瀬は一二年十二月、第二次安倍政権発足と同時に、首相の事務秘書官に選抜される。トルコなどへの原発輸出を進めようとした今井の政策の下支えをし、さらに安倍政権の中枢として、加計学園問題に対処してきた。経産省の後輩である藤原豊《ふじわらゆたか》（八七年入省）もまた内閣府に出向し、「国家戦略特区構想」を受け付ける内閣官房地域活性化統合事務局総括参事官や内閣府地方創生推進室次長として、加計悲願の獣医学部新設を叶《かな》えた。

〈4／2（木）、獣医師養成系大学の設置について、県地域政策課長・今治市企画課長・加計学園事務局長らが内閣府藤原次長及び柳瀬首相秘書官らとそれぞれ面談した結果は、次のとおり〉

話題になった二〇一五年四月三日付「愛媛県文書」を改めてたどると、こうある。

《柳瀬首相秘書官の主な発言（総理官邸）15：00》

・本件は、首相案件となっており、内閣府藤原次長の公式のヒアリングを受けるという形で進めていただきたい。

・国家戦略特区でいくか、構造改革特区でいくかはテクニカルな問題であり、要望が実現

するのであればどちらでもいいと思う〈以下略〉〉

一七年の衆院予算委員会閉会中審査で「(今治市職員らと)会った記憶はない」といい続けてきた柳瀬は翌一八年、この文書の発覚により、苦しい立場に追い込まれた。

「加計学園関係者と会った覚えはあった。しかし、愛媛県や今治市の職員と会った記憶はない」

そう白馬非馬論を披露した。

「加計学園の関係者と会ったかと尋ねられなかったから、一七年当時そこは答えなかった」

世に言う〝ご飯論法〟だ。

その柳瀬は首相秘書官を経て一五年八月に事務次官の登竜門である経済産業政策局長、さらに一七年七月には経産省ナンバー2の経済産業審議官に昇りつめる。事務次官まであと一歩だった。

しかし、愛媛県文書が飛び出し、柳瀬は一八年の国会答弁であえなく出世を断念し、退官する。一方、首相や今井たち最側近の官邸官僚たちは、責めを負わない。柳瀬はトカゲが切り離した尻尾のような冷たい扱いを受けたように見える。が、実はそうでもない。

柳瀬は同年から翌年にかけてダイナブック(旧東芝クライアントソリューション)やNTTグループの非常勤取締役として天下った。一九年末には、国際協力銀行(JBIC)

にも迎え入れられた。

東芝といえば、経産省の後押しで原発事業に乗り出し、米ウェスティングハウス社を買収して大火傷《おおやけど》をしたのは記憶に新しい。柳瀬はエネ庁の課長時代に今井とともに東芝の原発ビジネスをあと押ししてきた。また天下ったＪＢＩＣでは、日米豪のプロジェクト連携を担当する「シニアアドバイザー」というポストに就いている。日本政府がすべての株式を保有する政策金融機関ＪＢＩＣは、安倍政権の看板政策の一つである発展途上国などへのＯＤＡ絡みのインフラ輸出とセットの融資をおこなってきた。

経産内閣の一員だった柳瀬をはじめ国会で失笑を買った高級官僚たちは、何があっても首相の意に逆らわず、政権を守り続けてきた。彼らが天下り先で優遇されるのは、その恩返しというより、むしろ野《の》に放つわけにはいかなかったからだろう。

〝経産内閣〟両雄並び立たず

「あの人事では、長谷川さんの仕事を今井さんが奪ってしまった格好になった。ですから、大変な事態でした」

ある中央官庁の事務次官経験者は、今井の首相補佐官就任についてそう辛辣《しんらつ》に指摘した。政権発足七年が経とうとした二〇一九年九月、官邸で異変が起きた。それまで政務秘書官として安倍晋三を支えてきた今井尚哉が、内閣改造と自民党執行部人事に合わせ、一九年九月十一日付で首相補佐官を兼務するようになったのである。

首相補佐官の長谷川が政策企画担当の任を外され、代わって今井が補佐官としてそのポストを兼務するようになる。そこについて、事務次官経験者の高級官僚は「大変な事態」という意味を、次のように分析してくれた。

「今井さんはそれまでもずっと政策面で政権を背負って立ってきたつもりでしょう。けど、長谷川さんは経産省における今井さんの先輩官僚の首相補佐官として安倍さんを支え、政策全体の企画を総理から任されたと自負してきた。ところが、その任務をいきなり後輩の今井さんにひっぺがされてしまったわけです。官邸では、もはや長谷川さんのやる仕事はほとんどなくなった。わずかに残った仕事は北方領土における日ロの経済交流と広報担当ぐらいでした。北方領土の返還については、長谷川さん自身あきらめかけているし、本人は年齢もけっこう行っている。ふつうなら、『もうおいとまします』と補佐官を辞めるのが役人の矜持《きょうじ》でしょう。なのに、居残った。不思議です」

首相補佐官は内閣法第二十二条によって定員五人と定められている。つまり今井が新たに加われば、一人があぶれる。首相補佐官は官房副長官と同じく、国会議員と官僚出身がいる。それまで首相補佐官五人の枠は、長谷川榮一と和泉洋人という官僚ＯＢ二人に加え、衛《え》藤《とう》晟一《せいいち》、薗浦《そのうら》健太《けんた》郎《ろう》、江《え》藤《とう》拓《たく》の衆院議員三人が拝命してきた。官僚枠のうち、和泉は官房長官の菅にとって欠かせない存在であり、続投が見込まれた。

したがって今井が補佐官に加われば、長谷川が官邸から去る選択肢もある。が、そうはならなかった。結果、国会議員の補佐官が全員退任し、三人枠が二人に削られた。国会議員枠で新たに首相補佐官に就任した二人の代議士のうち、秋葉《あきば》賢也《けんや》は「ふるさとづくりの推進および少子高齢化対策」、木原稔《きはらみのる》は「国家安全保障」を担当することになる。

おまけに五人の首相補佐官のなかで、今井は政策企画の総括担当というポジションを与えられた。企画総括担当といってもわかりづらいが、要するに政策全般の企画立案、推進を担う。第二次安倍政権では二〇一二年十二月の発足から七年近く、長谷川が企画担当補佐官の任を担ってきた。今井が長谷川を押しのけ、その重要ポストに就いたことになる。先の事務次官経験者がそこに違和感を覚えるのも、無理はないのである。

「今井さんと長谷川さんはともに安倍さんと高尾山登山に付き合った間柄ですが、実はどちらも我が強く、仲がいいわけではありません。それだけに長谷川さんは屈辱的だったのではないか。広報の担務を残されたけれど、事実上は今井・佐伯のコンビで首相のスピーチを考えているから、口を出せません。今井さんにとっては、目の上のコブを棚上げしたような感覚かもしれません。やはり互いのしこりは残るでしょうね」

今井が補佐官を兼務するようになった理由について、政府の主要ポストにいる何人かの官僚に尋ねた。すると異口同音に次のような答えが返ってきた。

「一つはこれまで政権を支えてきた論功行賞でしょう。補佐官と秘書官では年収も大きく違います。秘書官が千七百万円程度なのに対し、内閣官房の特別職である補佐官は二千五百三十九万円に跳ね上がる」

むろんそれだけではない。今井は首席秘書官とはいえ、形の上では総理のスケジュール管理などが業務とされ、政策面における正式な権限はない。だが、首相補佐官になると、政策の担務が与えられ、名実ともに権力を振るえる。事実、今井は補佐官としてこれまで以上に政策の前面に出てくるようになった。補佐官人事のあった九月から十月にかけて関東を襲った台風対策のときもそうだ。国交省のある若手官僚はこう言った。

「従来、こうした自然災害では国交省が前線で情報を集め、警察や防衛省と連携しながら対応をしてきました。ところが、九月の十五号のときは早速、今井さんの指示で経産省の課長級の役人たちが各市町村に出張った。収集した情報を官邸にあげていきました。とりわけ東京電力を所管している経産省にとって、千葉県の停電被害が大きかったせいがあったかもしれませんが、いまだかつてない光景でした。そのあとの十月の十九号のときも同じ。これ以来、自然災害まで経産省が主導して対策を練るようになったのです」

今井は総理の分身以外にも「総理の振付師」なる呼び方もされた。経産省出身の両雄は並び立たず。安倍政権では長谷川の存在感が薄れ、ますます今井経産内閣の色を強めていった。

安全保障の頂点に立った警察官僚「北村滋」

二〇一九年九月には、今井の首相補佐官就任とともにもう一つ注目された官邸人事があった。それまで内閣情報官だった北村滋の国家安全保障局長への就任である。警察官僚の北村は今井と同じく、第一次政権当時に首相の事務秘書官を経験し、その後、民主党の野田佳彦《のだよしひこ》政権時代に内閣情報官を拝命する。そこから第二次政権発足とともに同じポストに横滑りした。この章の冒頭で書いたように、日々の首相面談で登場回数三位につけるほど、安倍の信頼が篤い。

内閣情報官はかつての内閣情報室長で、中央官庁の次官より格上のポストに位置付けられている。組織上はトップの警察庁長官より格上ということになるのだが、やはり警察官僚として頂点に昇りつめた印象はない。

その北村は、警察官僚として官房副長官の杉田和博の後輩にあたり、二人は師弟関係にあるともいわれた。公知のように官房副長官は官僚の最高位ポストとされ、北村は高齢の杉田の後継副長官候補とも目されてきた。

それが、内閣情報官から国家安全保障局長へ昇進し、元外務事務次官の谷内正太郎の後釜に座った。国家安全保障局は外務省や防衛省の牙城《がじょう》と言われただけに、霞が関の誰もが驚いたのである。

一九五六年十二月生まれの北村は、父親の弘が大手ゼネコン「大成建設」の元副社長という裕福な家庭に育った。日本屈指の進学校である開成高校から東大法学部に進み、八〇年四月に警察庁に入った。開成時代の同期生に元財務事務次官の香川俊介《かがわしゅんすけ》、東大時代の同期には第一次安倍政権の秘書官仲間である元財務事務次官の田中一穂がおり、警察庁の同期としては元警視総監の高橋清孝《たかはしきよたか》などがいる。警察庁ではもっぱら外事・公安畑を歩み、北朝鮮の日本人拉致《らち》問題に対応した。典型的なエリート官僚に思える。だが、警察庁内では不遇だったといえる。

「北村の最も辛かったのは、二〇一一年十二月の人事で、（警察庁長官）官房総括審議官から民主党野田政権の内閣情報官として出されたときでしょう。通常なら総括審議官のあと警察庁でどこかの局長になる。警備局長なら将来の警視総監、刑事局長なら警察庁長官というコース。しかし北村はいきなり情報官になった。組織の身分で次官より格上といっても、局長を経験していないとなれば、やはり警察庁内の本流とはいえません」

警察官僚が北村の立場をそう解説する。

「しかも出された先が民主党内閣でしょ。政治主導という名の下、何もやることがないわけです。総理ブリーフィングといっても、週一程度の報告で済む。つまり何も期待されていないのだから、用がないわけです」

実際、二〇一二年の新聞の首相動静で確認すると、内閣情報官になりたての一月は六回登場し、二月は五回、三月は六回といった塩梅《あんばい》だ。第二次安倍政権における北村は、毎日のようにそこに登場し、ときには一日に二度も三度も首相の安倍にブリーフィングしてきた。それに比べると、格段の違いだ。

もはや民主党政権時代は警察官僚としての役割を期待されていないのだから、官僚人生の終焉《しゅうえん》を感じたかもしれない。北村は来る自民党政権の復活に備え、懇意《こんい》の安倍と連絡を取り合っていたという説もあった。それもまんざら的外れではなさそうだ。

民主党政権時にこの北村の内閣情報官人事をしたのが、警察庁次長だった米田壮《よねだつよし》だともいわれる。米田はそこからひと月後の一三年一月、警察庁長官に就任する。北村にとっては遺恨《いこん》のある相手だ。週刊文春が二〇一九年九月十九日号の特集記事『安倍が外交の司令塔に抜擢 内閣情報官北村滋が「尾行されて110番」』と報じた記事がそれを如実に物語る。そこには、北村が二〇一五年七月、古巣の警察から尾行されていたと書かれている。

尾行される直前、北村が警察庁長官の米田から呼び出され、「いつまで内閣情報官をやっているのか」と迫られたとあり、北村自身も週刊文春の取材にそれを認めている。記事は民主党から自民党に政権が移ってもなおずっと情報官にとどまっている北村に対し、米田がそろそろ辞めたらどうか、とけん制したという趣旨だ。もとより米田はそれを否定しているので真相は藪のなかだが、改めてこの件を北村本人に尋ねると、「取材にお答えしてきたとおり」とも話した。先の警察官僚はこうも指摘した。

「仮に北村が情報官を辞めても、警察最高ポストの長官や総監は格下になるから、彼には警察庁に戻る居場所がないのです。北村はそれがわかっている。もはや警察の人間ではない、と情報官になったときから思っているのでしょう。だから警察庁を恨《うら》んでいるのかと聞かれたら、そのとおりかもしれません」

　他の官邸官僚たちと同じく、北村もまた、霞が関の出身官庁では望んだ出世が叶わなかった。むしろ警察組織の本流とは断絶しているといったほうがいいかもしれない。

　首相の安倍はそんな北村の立場を慮《おもんぱか》り、国家安全保障局長に据えたのかもしれない。二人はそれほど近い特別な間柄である。北村の内閣情報官時代、二〇一七年十二月にホテルオークラでおこなわれた長女の結婚披露宴には、安倍本人が主賓《しゅひん》として招かれている。

「現役の総理が情報官の親族の結婚式に出席するのは聞いたためしがありません。安倍総理は、総理主催の桜を見る会なんかにも北村の子供たちまで招待しているからね。普通はあまりないと思うよ」

先の警察官僚はこう続けた。外事公安畑の長い北村は海外の情報機関とのパイプが太く、安倍はそこに期待しているともいわれた。国家安全保障局長任命の狙いは北朝鮮の金正恩との日朝首脳会談だという。ただし、あまりにこの人事の評判はよろしくなかった。

カウンターパートは外務大臣より格上

国家安全保障局長は事務次官や内閣情報官のさらに格上ポストだ。それまで初代局長を務めてきた谷内は外務省事務次官経験者で、二人の次長とその下の審議官には防衛省と外務省の幹部が就き、脇を固めてきた。外務官僚の説明によれば、こうだ。

「たとえば中国だと、谷内局長のカウンターパートが楊潔篪《ヤンジェチー》でした。中国国務委員の楊は、外務大臣の王毅《ワンイー》よりも格上です。捻《ね》じれといえば捻じれだけど、茂木《もてぎ》（敏充《としみつ》）外務大臣の相方は王毅ですから、国家安全保障局長はもはや外務省から離れた格上の重要なポジションとして、総理にアドバイスしなければならない。それほど重いポストなのです」

国家安全保障局は省庁横断的な組織を謳い、安全保障という専門性の高い人材を集めて六つの班で構成されて発足した。もっともその国家安全保障局九十人の職員のほとんどは、外務・防衛からの出向組だ。六班のうち三つの班長が防衛省、二つが外務省からの出向ポストであり、警察からの出向組は情報班のみで、警察色はむしろ薄い。

もともと国家安全保障局長の谷内は後任に、外務省の後輩である佐々江《ささえ》賢一郎《けんいちろう》元駐米大使を念頭に置いていたとされ、北村は下馬評になかった。そんな組織のトップとして、いきなり警察出身の北村が就任したものだから、ハレーションが起きるのは無理もない。内閣情報官は国家安全保障会議にも出席するが、足場は異なる。ある防衛省幹部は北村の国家安全保障局長就任をこう危惧《きぐ》していた。

「防衛省では、自衛隊の制服組が北朝鮮や中国の軍事情勢や電波情報、あるいは画像情報を収集します。刻々と動く北朝鮮の船を把握《はあく》し、どのような事象のときに北朝鮮の通信が多くなり、指揮通信の会話が流れているとか、誰かがどこに移動したとか、防衛省が詳細に分析し、それを総括して北朝鮮の動きを説明する。それらは内閣情報調査室のトップだった北村情報官にも報告されますから、情報官は情報を知る立場にはありますが、収集しているわけではありません。むしろ内調は国内の選挙情勢などを分析するのが得意なので、北村さんが国家安全保障局長の立場でうまく処理できるでしょうか」

官邸外交を標榜する安倍政権では、今井たち経産省出身者による対ロ、対中外交や和泉が中心となって進めてきた東南アジアへのインフラ輸出に力を入れてきた。そのせいで、過去、日本の外交を担ってきた外務省の出番が少なくなった。それが、外務省外し、と取り沙汰され、政権内の不協和音を呼んだ。

そこへさらに日朝首脳会談のミッションを託され、北村が国家安全保障局長に就任したのである。それまで安全保障局次長を務めていた元外務省国際法局長の兼原信克《かねはらのぶかつ》が退任し、代わりに、北村にとって第一次安倍政権の秘書官仲間である元ベルギー大使の林肇《はやしはじめ》が就任した。林は外交官のなかでも同じ〝安倍友〟として北村と親しい。先の防衛省幹部はそうした局内の微妙な人間関係について、次のように説明してくれた。

「外務省の兼原さんは防衛省の制服組と交流が深く、防衛省との情報交換がスムーズにいっていました。谷内さんとも近かった分、杉田・北村ラインに睨《にら》まれていて、この度、退任となったのでしょう。でも次の林さんが安保に詳しいとは思えません。いくら安倍友だからといって、こんな人事をしていたのでは、不安です」

警察庁で外事・公安畑のスペシャリストとして知られる北村は、米CIAをはじめ、世界各国の情報機関との交流があり、国家の危機管理には強い。もっとも安全保障全般となると、そこには外務・防衛の機能が欠かせない。

そして国家安全保障局長の北村は、二年後の二〇二一年七月、とつぜん退任を迫られた。後任の局長に座ったのが、前外務事務次官の秋葉剛男である。つまるところ、外務省が重要ポストをとり返した格好だ。この間、安倍から菅に政権が移った。権力の移り変わりが、人事に大きく影響してきたのは間違いない。

5G減税に執念を燃やした秘書官

二〇一九年は、安倍政権にとって大きな出来事が立て続いた。秋に騒動に火のついた首相の「桜を見る会」では、秘書官やSPたちが首相のそばに寄り添い、走り回っている姿が何度もテレビ映像で紹介された。そのなかでとりわけ目立っていたのが佐伯耕三だ。花見にやって来た首相の地元山口の支援者や芸能人たちをアテンドし、甲斐甲斐しく世話をしていた。

桜を見る会騒動は、二〇二〇年が明けてもおさまらない。一月二十日に通常国会が始まり、待ち構えていた野党が衆参の予算委員会で桜を見る会の件を追及すると、安倍はたじたじとなった。国会で繰り返す首相や官僚答弁の屁理屈は、まるでモリカケ問題とウリ二つだった。

そんな通常国会のなか、霞が関の役人たちのあいだで注目されたテーマがもう一つあった。一九年十二月十二日に発表された税制大綱の「5G導入促進税制」だ。米中をはじめ、世界中が技術開発に鎬《しのぎ》を削る次世代通信規格5G分野で乗り遅れている日本企業に対し、投資額の一五％を法人税から控除するという税制改革案である。政権与党はいつものように、国を挙げた先端テクノロジーのバックアップに必要不可欠な税制だとＰＲした。だが、財政難の折の大盤振る舞いであり、特定の企業に対する優遇税制という側面が強い。

５Ｇ導入促進税制を平たくいえば、新たな基地局など通信網の整備を税金で支援するという投資減税政策である。対象となるＮＴＴドコモをはじめＫＤＤＩやソフトバンク、さらには携帯電話事業への新規参入を表明している楽天にとっては、願ってもない話だ。政府与党は二〇年の国会で法案を提出し、成立を目指してきた。この政策の発案者がほかでもない、首相の事務秘書官である佐伯だった。ある経済関係省庁の幹部が嘆く。

「五％ならまだしも、一五％という法外な控除ですから、あの甘利《あまり》（明《あきら》）さんでさえ、とんでもない、と異を唱えていました。先端技術の開発を促す政策といえば聞こえはいいけれど、人気取りの企業優遇税にすぎません」

財政健全化・消費増税を主眼としてきた財務省ならいざ知らず、甘利明といえば、かつて麻生太郎や菅義偉と並んで安倍首相を支える三側近の一人に数えられ、経産大臣も経験した産業政策通だ。これまで経産省の経済政策を後押ししてきた。甘利は宮澤洋一《みやざわよういち》のあとを受けて自民党税制調査会会長に就き、安倍から財政健全化・消費増税の推進派を封じ込める役割を期待されてきた。安倍、麻生、甘利の頭文字をとって３Ａとも呼ばれる。

景気優先派のその甘利でさえ、一五％の税控除に待ったをかけたという。だが、実は政府内の異論は甘利だけではなかった。

佐伯を秘書官に引き上げた今井や元「一億総活躍推進室」次長の新原浩朗経済産業政策局長でさえ、「さすがに一五％はやり過ぎではないか」という意見だった。しかし、佐伯はそれを押し切ったという。

「驚いたことに佐伯は当初、三〇％の減税を主張していました。このときはさすがに財務大臣の麻生さんや甘利さんがストップをかけた。税額控除はせいぜい五％だろうと言っていたんですが、なぜか佐伯が粘《ねば》りに粘ったんです」

先の経済関係省庁幹部はそうも言った。

「一五％の法人税額控除となれば、東日本大震災の復興関連減税や米軍基地を抱える沖縄振興の税制と同程度の優遇措置にあたる。それほどの大幅な減税なのです。一〇％でも大きすぎると反対意見が多く、揉めに揉めた。それで困った佐伯が安倍総理に泣きついたのでしょうね。最後は総理の判断で一五％減税に決まりました」

そこまで減税にこだわる理由はいま一つはっきりしないが、佐伯は先輩の今井を飛び越え、首相の安倍に自らの政策を直訴できるとまでいわれた。５Ｇ減税は、まさにその一例なのかもしれない。経済関係省庁の幹部はかなり怒っていた。

「法人税減税に必要な財源の規模からすると、税額はトータルで百億円ほどなのですが、やはり携帯電話業界に対する特別扱いといわれても仕方ありません。携帯電話会社はタダでさえ儲《もう》かっていて、最大手のＮＴＴドコモなんかは四兆円規模の内部留保があるのです。５Ｇ減税では、そのＮＴＴがいちばん恩恵を受けることになります」

年金や医療など将来に備えた社会保障のため国民には消費増税に耐えろ、と訴えかけておきながら、大企業には法人税減税でため込んだ蓄財を吐き出させるどころか、さらに優遇税制で稼がせてやろうとする――。５Ｇ減税はまさにそう見える。官邸の実力者である菅は郵政・通信事業を所管する総務省に目を光らせてきたが、ＮＴＴよりむしろ楽天に近く、佐伯の政策には抵抗があった。

経産内閣と呼ばれる第二次安倍政権で、経産官僚たちがアベノミクスなる経済対策を生み出し、推し進めてきたのは言を俟たない。その政策は功罪相半ばする。だが、八年目に突入した長すぎる政権では、そろそろ彼らの弾《たま》がつきかけていた。挙句、度の過ぎる無茶な景気策がたびたび顔を出すようになった。

霞が関の官僚には「吏道」という言葉がある。「官吏」「能吏」とあるように吏は役人を意味するが、もとの意は天皇に仕える職を指し、その姿勢を説いている表現なのだそうだ。天皇を国民の象徴と定義する現代は、吏道は国民に仕えるあるべき姿を示す表現だといえる。

だが、官邸官僚たちには、国民に尽くすという意識があまりに希薄だったように感じる。それはただひたすら安倍晋三を守り、一日でも長く政権を続けることしか頭になかったからではないか。そうして憲政史上最長の一強内閣が誕生した。

政権が長くなり、権力が集中すればするほど、中枢の横暴が始まるのは、ある意味で世の常なのだろう。かたや頂点に立つ者は、そんな腹心の知恵を借り、歴史に名を刻むまで、権力の座にしがみつく。無策の権力者にとって、実のところそれは容易ではない。しょせんは傍にいる知恵袋たちが頼りだ。しかし、よくよく見ると、まわりにはそうそう優れた腹心がいない。そうして長すぎる政権は次第に馬脚をあらわし、足元が揺らぐ場面が増えていった。

第二章 長期政権の限界

経産省経済産業政策局長を経て、２０２１年に内閣官房内閣審議官兼成長戦略会議事務局長代理に就いた新原浩朗。タレントの菊池桃子と結婚したことが話題に。
（写真提供：共同通信）

経産次官を巡る菅対今井の攻防

二〇一九年七月、経産省の事務次官昇進レースが政界で話題になった。焦点は官邸内の主導権争いだ。今井の推す経済産業政策局長の新原浩朗に対し、菅が中小企業庁長官だった安藤久佳の後ろ盾だとされた。年齢は浪人して東大に入学した新原より安藤のほうが若い。安藤は一九八三年に旧通産省入りし、新原の入省が八四年だ。したがって、新原の省内年次は年齢と反対に安藤の一年後輩にあたる。今井の後輩の経産官僚が解説してくれた。

「年下の安藤が先に次官になれば新原の次官就任が遠のくが、今井さんはすぐに新原を事務次官にすると省内のハレーションが大きいと考えたのでしょう。はじめは次官だった嶋《しま》田《だ》（隆《たかし》）さんに、『もう一期、三年次官をやってほしい』と頼んだそうです。嶋田さんは今井さんの同期ですから気安く、頼みやすかったのかもしれません。一年嶋田さんが次官を延長すれば安藤をスルーできると考えたのでしょう。けれど、嶋田さんは体調が悪いという理由で、今井さんの申し出を断った。そこから攻防が始まったのです」

今井と嶋田はともに経産省の事務次官候補と称された時期もあるライバルだが、省内では今井より嶋田の評価が高かった。その嶋田は安藤のことを買っていたという。

「それに嶋田さんは菅さんの受けがいい。菅さんにしてみたら、新原を次官にしてしまうと今井の権力がますます強まるという危機感を抱いていたのだと思います。菅さんはそれを懸念し、安藤を推した。で、次官レースが決着したのだと聞いています」

結果的にこのときの経産省の事務次官レースでは、安藤がその座を射止めた。世間ではすんなり決まったかのように見える霞が関人事の裏には、権力争いに近いこの手の曲折がしばしばある。

のちに詳述するが、実は菅と新原の間柄はさほど険悪ではなく、菅政権の誕生後も新原は経産省に居残る。ただし、この時点の菅は、今井の思いどおりにさせたくないという思いが先に立ったのだろう。

「だから経産省内では、安藤はワンポイントリリーフと見られてきました。来（二〇二〇）年七月の定期人事では新原の経産次官就任があるのではないか、と根強く囁かれていたし、次は今井さんが巻き返すから、新原は最低でも内閣府の事務次官になる、とも噂されていました」

経産官僚の解説を続ける。

「経産省の次官レースでいえば、新原と安藤のほかに、経産大臣経験者の世耕《せこう》（弘成《ひろしげ》）さんの推す糟谷《かすたに》（敏秀《としひで》官房長）も候補にあがっていました。糟谷は新原と同期で、いっときは官民ファンドＪＩＣ（産業革新投資機構）の役員報酬問題で失点したけど、みずほグループからＪＩＣに社長を迎え入れることで乗り切った。世耕さんは、ここで新原が経産次官になると、糟谷の目がなくなり、自分の影響力も陰るので困っていました。でも、安藤なら年次が下の糟谷が次の次官になる可能性も残る。そうしたいろんな思惑が絡み合い、安藤事務次官就任に落ちついたのだと思います」

ＪＩＣ問題とは、一八年十二月に起きた役員九人の報酬を巡る一件だ。経産省が認めていた役員報酬について、「一億円を超える報酬はいかがなものか」と菅がひと言クレームをつけ、所管官庁の経産省に問題が飛び火した。事務次官の嶋田と官房長の糟谷が、批判の矢面に立たされ、当時、経産大臣だった世耕が問題収拾にあたった。この問題を巡り糟谷を次の事務次官にしようとしていた世耕は、弱り切っていたとされる。したがって安藤の事務次官就任は順当な落としどころといえた。

経産省内の評判を聞くと、今井の推した新原の経産事務次官就任はもともと無理筋だったという。裏を返せば、今井はそれほど新原を買っていた。今井はこれ以降も、次官就任を逃した新原に安倍政権の主要政策を任せた。たとえば一九年十月、消費税一〇％実施に伴う軽減税率の仕組みづくりを託している。まさに安倍内閣の支持率を維持するための取り繕《つくろ》い策であり、経産官僚の一人はこう憤慨《ふんがい》して語った。

「あのとき新原が出してきたのが、五％のポイント還元という奇想天外な策でした。おまけにポイント還元のために三千億円の補助金を用意しろ、と財務省に指示したのです。財務省としてはたまらんかったでしょうね」

そうして政府内における経産官邸官僚たちへの不満が募《つの》っていった。

官邸官僚に対する忖度

財務省は第二次安倍政権で煮え湯を飲まされ続けてきた。消費税一〇%は二度の引き上げ延期を経てようやく実現した、財政再建のための増税策だ。ところが、その増税も幼児教育の無償化や軽減税率の導入によって骨抜きにされてしまう。

酒類を除く食料品に適用される軽減税率の導入などは、ただでさえ仕組みがわかりづらい。外食は対象外だが、食品の持ち帰りには減税が適用される。コンビニのイートインは外食とみなされ、ケータリングも減税の対象外。反面、老人ホームでの食事や学校給食などは軽減対象となる。

安倍政権では、子育て世代の支援や食料品の優遇税制というバラマキに近い政策を打ち出し、肝心の社会保障の充実や財政再建どころではなくなっていた。挙句、消費増税と同時に、ポイント還元で税金をばら撒《ま》こうというのである。

おまけにそのポイント還元の仕組みがまたややこしい。還元率は大手スーパーだと二ポイント、中小店舗なら五ポイントとかなりの差があった。ある元財務官僚はこう嘆いた。

「たとえば食料品なのでパンの値段は、一〇％が適用されずに八％でそのまま据え置くことになっています。仮に一〇〇円のパンだと、税込みで一〇八円。ただしポイント還元制度を使えば、最大五ポイント割り引かれる。いったん一〇八円でパンを買うのだが、あとから五円還付されます。つまりこれまで一〇八円で買っていたパンが一〇三円、事実上の値引きになる。それを税金で負担しているのです」

財務省は二〇一九年十二月、そのポイント還元に必要な補助金として二千七百九十八億円の予算を査定し、翌年の通常国会で計上された。だが、これもまた実にいい加減で、算定根拠がはっきりしない。ある政府関係者がこう憤慨した。

「査定の段階では、ポイント還元制度の仕組みすらできていなかったのです。なのに、財務省は補助金として三千億円近い予算案をつくらされた。経産省主導の還元計画なので、とにかく金を用意しろという乱暴な話でした。翌（二〇二〇）年三月の衆議院の予算委員会で、初めて経産省がポイント還元制度のガイドラインを示したけど、そこにいたってもどのような試算に基づく補助金なのか、明らかになっていなかった。予算が通過した段階で当時の世耕大臣が『足りなかったらさらに補正を組む』と発言をしました。要はつかみ金として三千億円くらい用意すればいいのだという。世耕発言はまさに根拠のない予算であることの裏返しなのです」

くだんの軽減税制をつくった経産省の今井・新原ラインの財務省におけるカウンターパートが、財務省の太田充《おおたみつる》主計局長だった。太田は彼らの指示通り、有無を言わせず、次長の神田眞人《かんだまさと》や主計官の斎須朋之《さいすともゆき》に軽減税の査定を命じたという。

「いくら今井さんの権勢が強烈だとはいえ、主計局長たるもの、本当なら総理に対して予算の根拠ぐらいは示さないとおかしいのですが、それもなかったと聞いています」（同・政府関係者）

主計局長の太田といえば、森友・加計国会でもたびたび登場した。公文書改ざん問題について理財局長だった佐川宣寿のせいにし、のらりくらりと野党の追及をかわしてきた張本人だ。主計局長は事務次官の待機ポストの財務省ナンバー2だとされる。太田もまた事務次官の岡本薫明《おかもとしげあき》の後継次官との呼び声が高かった。が、財務省内の評判は決して芳しくない。先の政府関係者が続ける。

「軽減税のポイント還元補助が問題になると、太田主計局長はさすがに経産省の新原産政局長に『経産省で還元補助の積算根拠をつくってほしい』と頼んだらしい。ところが『軽減税制度はキャッシュレス化を進めるためのカードや電子マネーでのポイント還元だから、財務省としても助かるでしょ。脱税もできなくなる。これは財務省の消費増税のためにやってあげているのですからね』と一喝《いっかつ》され、それ以上は何も言わず、すごすごと引き下がってしまった。太田主計局長は今井さんに気を遣っているのでしょうけど、あまりに無責任すぎる、と財務省の若手は白けていますね」

日本の頭脳と呼ばれる財務官僚の事務方ナンバー2にして、このありさまなのだという。それはもはや無理強いされているというより、むしろ自ら進んで官邸にすり寄っているようにしか思えない。首相への気遣いではなく、官邸官僚への忖度《そんたく》だ。ある経産官僚が指摘した。

「安倍政権では霞が関のどの官庁でも、財務省と似たような現象が起きていました。太田さんは事務次官になりたいからそうしたのでしょうけど、換言《かんげん》すれば、今井さんたち官邸官僚に従わなければ、出世の道が絶たれるという空気がありありでした」

予定どおり太田は二〇二〇年七月、主計局長から事務次官に昇進した。

菅の頼るスーパー官僚「和泉洋人」

第二次安倍政権は、首席秘書官の今井尚哉と官房長官の菅義偉という二枚看板で成り立ってきた。かといって、二人が力を合わせて政権を維持してきたわけではない。あらゆる重要政策に首を突っ込んできた今井にとって、菅は思いどおりにならない相手だった。

そして二〇一九年五月の令和改元を機に、二人の諍《いさか》いが表面化していった。それは自然の成り行きだったかもしれない。五月一日、令和の元号を発表した菅は「令和おじさん」と呼ばれ、国民の知名度をあげた。その頃、ある自民党の代議士秘書はこう言っていた。

「実は令和の元号は、安倍総理ご自身が最初に記者発表したいと言っていました。ところが、菅さんが『それは前例がありませんから、私がやります』と押し切ったのです。前例と言っても、元号の発表は小渕恵三《おぶちけいぞう》官房長官のときの平成しかないのですが、菅官房長官にはすでにポスト安倍が念頭にあったのでしょう。首相も菅さんのあとに令和の新元号の会見をしたけど、ほとんど国民の記憶にないほど影が薄くなってしまいました」

菅は自らの理想の政治家像を梶山静六《かじやませいろく》と野中広務《のなかひろむ》だと公言してきた。梶山は橋本龍太郎《はしもとりゅうたろう》内閣、野中は小渕恵三内閣の官房長官であり、ともに政権ナンバー2として力を発揮してきた。首相の女房役にたとえられる黒子の官房長官こそが、自分自身の天職であるかのように語ってきた。

しかし、その言葉は野心を隠すためのカモフラージュにすぎなかったのだろう。その後の政権奪取を見れば、虎視眈々《こしたんたん》と次をうかがってきた姿が目に浮かぶ。

あくまで首相の安倍のために尽くすという立ち位置を強調してきた菅は、令和改元のこの頃から、自らのために強権を振るうようになったと感じる。まったく国民に人気のなかった菅が、ポスト安倍の有力候補に名乗り出た。そして菅が首相候補として自らの野心をむき出しにしたことで、安倍ならびに側近の経産官邸官僚たちの警戒心と苛立《いらだ》ちが膨《ふく》らんでいった。ずっと燻《くすぶ》ってきた菅と今井との確執が噴き出したのが、ここからだ。

首相の絶大な信頼を勝ち得た今井が、後輩経産官僚の今井チルドレンとともに政策を遂行したように、菅も第二次安倍政権で自らの側近を使い、政策通をアピールしてきた。菅はもっぱら旧知の首相補佐官、和泉洋人を頼った。

「総理は自分の口から言えないから、私が代わって言う」

和泉は加計学園の獣医学部新設を巡るこのフレーズですっかり有名になった。安倍の腹心の友といわれた加計学園理事長の加計孝太郎《かけこうたろう》が国家戦略特区制度を使い、愛媛県今治市に前例のなかった獣医学部の新設をした。国家戦略特区のスペシャリストである和泉は二〇一六年九月、獣医学部新設に慎重な姿勢を見せていた文部科学省事務次官の前川喜平《まえかわきへい》を呼び出し、首相の安倍の言葉を代弁して半ば恫喝《どうかつ》した。

和泉は与野党の国会議員から「スーパー官僚」と異名をとる。それは出身の国交省だけでなく、広く霞が関の省庁に人脈を巡らせ、政策に通じてきたからだと評される。和泉は菅の台頭と歩を合わせるかのように、政権内でその存在感を増していった。それまでの首相補佐官としてのスタンスからもう一歩踏み出し、より重要政策にかかわっていく。

イチゴ農家の長男とタバコ屋の息子

和泉洋人は一九五三年五月、神奈川県横浜市に生まれた。市内にある全国屈指の有名私立「栄光学園」高校から東大工学部に進学し、七六年四月に旧建設省入りした。霞が関のキャリア官僚たちの家系は、祖父や父親から代々役所勤めというパターンが多いが、和泉はややタイプが異なる。

実父は三井造船の技師でサラリーマンだった。生家では祖母が横浜市中区の繁華街でタバコ屋を営み、和泉家の家計を助けてきた。和泉家の近親者に会うと、和泉のことを「洋人君」と呼んでその時代を懐かしんだ。

「二坪ぐらいの間口の小さなタバコ屋でした。昔は洋人君たちもそこに住んでいて、店先に座って漫画を読みながらタバコを売っていたんだよ。高校時代までタバコ屋を手伝っていました。それでいて東大に入ったから、感心したものです。タバコ屋は繁華街に近いので、買い置きするためにカートンごと買う飲み屋のお得意さんが多く、繁盛していました。そのタバコ屋の洋人君は東大に行ってから家庭教師をするようになり、ずい分稼いでいたみたい。このあたりの高校生はみな洋人君のお世話になったと思いますよ」

タバコ屋は地主から敷地を借りて営業していたという。木造の建物だったそこは、父親の亡くなる前の一九八五年二月、借地のまま三階建の小さな和泉ビルに建て替えられた。現在はタクシー運転手をしている実弟が、その和泉ビルを相続している。タバコ屋を廃業し、和泉ビルは実弟が一階に美容院などのテナントを入れて管理しているようだ。

和泉自身は建設省に入省したあと、結婚して栄区に住んだ。現在は母親の実家のある磯子区の土地を相続し、そこに家を新築して暮らしている。

東大工学部から旧建設省入りした和泉は、住宅局の建設技官として官僚人生を歩んだ。建設省と運輸省が合体した国交省では、理科系の技官が事務次官に昇りつめるケースもあるが、それは道路局や鉄道局、河川局など土木畑に限られてきた。和泉のような住宅建設技官の出世はせいぜい局長どまりとされた。

ただし和泉は省内の住宅建設技官というポジションにとどまらず、別の道を選んだ。役人としての大きな転機は、小泉純一郎政権時代に都市再生本部事務局次長になったときだろう。このとき構造改革特区構想をまとめる。これ以降、都市開発や経済特区政策のスペシャリストとして、永田町でその名を売り出した。

そんな和泉が近年の政治家のなかでもっとも親しくしてきたのが菅である。二人は、菅が市会議員だった頃からの付き合いだとされる。一九九〇年前後のバブル経済期、菅は横浜市議として、みなとみらいをはじめとした都市開発を手掛けた。菅の相談相手が和泉だったと伝えられる。

そこから時を経て第二次安倍政権の誕生時、官房長官に就任した菅は和泉の官邸入りを後押しする。小泉政権時代から特区構想にかかわってきたことも評価されたのであろう。和泉は政権発足の明くる一三年一月、首相補佐官に選ばれた。

菅と和泉には、秋田のイチゴ農家の長男と横浜のタバコ屋の息子という庶民的な共通点もある。官邸における和泉は、首相の補佐官でありながら、官房長官だった菅に近い存在と見られてきた。首相の政務秘書官の今井が、安倍の絶対的な信任を得て動くのと同じく、和泉は官房長官の菅の威を借り、極めて幅広い政策に首を突っ込んできた。古巣の国交省が手掛ける道路や港湾、空港の整備はもとより、日本の政府開発援助（ＯＤＡ）を使った東南アジアの開発援助や沖縄の米軍基地移転、さらにはインバウンドなどの観光政策にもかかわってきた。

それらは菅の政策とほぼ一致する。見方を変えれば、和泉なくしていまの菅の権勢はありえないともいえる。その和泉が安倍政権で最も力を入れてきた分野の一つが医療政策である。

先端医療機関の大家は読売新聞

和泉は首相補佐官になって間もない一三年二月、内閣官房に設置された「健康・医療戦略室」の初代室長に抜擢された。もとはといえば健康・医療戦略室は、今井をはじめとした経産省出身の官邸官僚のアイデアで、アベノミクスの成長戦略である先端医療分野を担う部署として内閣官房に置かれた。従来、医療行政を担ってきた厚労、大学の医学・薬学・獣医学部を所管してきた文科、さらに病院や医薬品の輸出を進める経産という三省の担当者がここへ出向し、構成されている。官邸主導という旗印の下、縦割り行政を排除すると気勢を上げ、鳴り物入りでスタートした。

もっとも今井らの思惑は当初から外れた。健康・医療戦略室の上部組織である健康・医療戦略推進本部の本部長には首相の安倍が就いたようにも見える。担当大臣として事実上のトップに座ったのが、官房長官の菅だ。経産省のアイデアに飛びつき、首相補佐官の和泉を健康・医療戦略室長に選んだ。事実、内閣官房のホームページによれば、健康・医療戦略室は次のように定義づけられてきた。

〈菅内閣官房長官の直轄《ちょっかつ》組織として、和泉内閣総理大臣補佐官を室長に、厚生労働省、文部科学省、経済産業省の審議官級の者を次長とする府省横断型の強力な実施体制〉

菅の直轄組織を預かっている和泉にとって先端医療は、極めて重要なミッションに違いない。健康・医療戦略室長に就任した和泉は、そこに厚労省の参事官だった大坪寛子を迎える。参事官は課長級ポストだが、大坪はすぐに審議官級の次長に昇進し、和泉とともに健康・医療戦略室を率いていった。

室長の和泉は「国立研究開発法人 日本医療研究開発機構（AMED）」を設立し、そこに莫大《ばくだい》な予算をつぎ込んだ。ある厚労省の医系技官が説明する。

「もともとAMEDは、健康・医療戦略室がヘッドクォーターとなって、感染症対策や創薬、ゲノム研究など、先端医療やライフサイエンス分野に力を入れようと設立されました。日本の病院を海外に輸出する計画なども立てていました。しかし、研究開発費がどのように使われているか、そこがブラックボックスになっていてよくわからないのです」

和泉の率いる健康・医療戦略室は前述の三省のほか、財務省や総務省などから出向者を迎え入れている。長寿社会に備えると称して年間千三百億円の予算を組んでAMEDの活動を推進してきた。戦略室のメンバーの一人はこう言った。

「国立研究開発法人日本医療研究開発機構法、世にいうAMED法も、当時の菅官房長官が法案を担いで成立させました。法律までつくって組織を立ち上げるのはすごく珍しいことです。そういう意味でも菅さんの思い入れは強かったのでしょうね。それだけに和泉さんも熱が入ったのでしょう。和泉さん自身は官邸にいて報告を受ける立場ですが、補佐官室に行くと、そこに大坪さんが来ている。あれこれ指示されることもありました」

先の医系技官はこう辛辣に指摘する。

「健康・医療戦略室そのものは永田町の合同庁舎に設置されたのですが、研究者が集まるＡＭＥＤをどこに置こうか、となりました。このとき、手を挙げたのが読売新聞でした。新築したばかりの読売新社屋ビルにテナントが入らず空いているので、そこを使ってもらえないか、という。政府と読売の出来レースなのかと思いました」

読売は一四年八月、文科省の入札に応じ、まずは同年十二月から翌一五年三月まで四カ月の賃貸借契約を結んだ。一億八千三百四十四万円の入札予定価格に対し、契約額は一億七千八百二十万円、落札率は九七・一四％だ。そこから改めて翌一五年四月、ＡＭＥＤと三十億四千五百万円で二十年の定期建物賃貸借契約を結んでいる。

この入札に関し、文科省では「応札者は公表していない」（会計課）としたが、競合相手は地下鉄神谷町駅近くのビル経営会社一社のみである。現在、ＡＭＥＤは読売新聞本社ビルの二十階から二十四階までの五フロアーに間借りして活動を続けている。むろん読売側は「事前に交渉した事実はなく、あくまで競争入札の結果です」という。だが、大手町という一等地で空いている五フロアーを民間ではなく、政府の関係機関に安定的に貸し出すことができれば、ビルの大家としてこの上なくありがたい話だろう。

政府の関係機関から三十億円もの賃貸料を受け取っている報道機関が、政権のまともなチェックを果たせるのだろうか。そんな疑問は誰もが抱くところだろう。

補助金詐欺会社への肩入れ

第二次安倍政権では、その発足以来、医療・ライフサイエンスビジネスを成長戦略の目玉に据えてきた。そこで首相補佐官の和泉は健康・医療戦略室長として厚労省や文科省を従え、先端医療分野における司令塔の役割を背負った。これが、医療分野における国家戦略特区構想の発案にもつながっていく。

「私が（総理に）代わって言う」と元文科事務次官の前川喜平に迫った加計学園の獣医学部設置は、まさしく和泉の進める医療ライフサイエンス構想の一環でもあった。それだけに当人は熱が入りすぎ、余計なことを口走ったのかもしれない。

「獣医学部新設を早く認めるよう求める趣旨だった」

和泉自身はのちに国会でこの一件を追及され、そう抗弁した。本人の言葉どおり、健康・医療戦略室長として与えられたミッションを遂行すべく、文科省の前川に圧力をかけたと見ていい。

本来、住宅建設技官の和泉にとって医療分野は門外漢だ。しかし、和泉が安倍政権の進める先端医療分野に口を挟んだケースはこれにとどまらない。

「ＨＡＬは、病気やけがで歩けなくなった方が自分の足で歩くことを助ける、世界初の夢のロボットスーツであります」

二〇一七年二月二十日、内閣総理大臣賞日本ベンチャー大賞の授与式に出席した安倍晋三は、介護ロボットスーツ「ＨＡＬ」を開発したサイバーダイン社社長の山海嘉之《さんかいよしゆき》と握手を交わし、そう挨拶した。和泉は、この介護機器の普及に努めてきた。

「和泉さんはいたくサイバーダイン社に目をかけてきました。住宅メーカーのダイワハウス工業がこのロボットスーツをバックアップしてきましたが、それも国交省の住宅局長だった和泉さんの声がかりでしょう。和泉さんは国交省の所管である成田や羽田といった大きな国際空港にも、ロボットスーツの導入を働きかけてきました。さらにロボットスーツは、介護ロボットとして日本で初めて保険適用されました。それらはすべて和泉さんの後押しがあればこそだ、といわれています」

保険適用についても、健康・医療戦略室長である和泉の影響のおよぶところなのだろう。厚労省の医系技官は、この介護ロボットメーカーに出資してきた意外な提携先について、次のように明かしてくれた。

「実はサイバー社の山海さんは、スパコン開発の『ペジーコンピューティング』の齊藤元《さいとうもと》章《あき》社長に声をかけ、両社が業務提携していた時期があります。両社をつなげた仲介役がTBSの元記者だともいわれており、そこに安倍政権の医療戦略がひっついてきたという構図でしょう。菅さんや安倍さんが両社に肩入れしていたのはたしかでしょうね」

ペジー社は創業者の齊藤以下、二十名ほどの社員しかいないスパコン開発ベンチャーだ。安倍、菅ともにペジー社に肩入れしてきたのは、改めて念を押すまでもない。奇《く》しくもサイバー社が総理大臣賞を受賞したその年の十二月、ペジー社の齊藤が東京地検特捜部に政府の補助金詐欺《さぎ》の疑いで逮捕される。直接の逮捕容疑は経済産業省管轄の国立研究開発法人「新エネルギー・産業技術総合開発機構」（NEDO）からの、補助金四億三千百万円の不正受給だ。が、補助金はそれだけではない。同社が計画していた他の事業を含めると、わずか二十人の会社に対し、補助金総額は実に三十五億二千三百七十九万八千円に上った。サイバー社にしてみたら騙《だま》された気分だろう。事件後、とうぜんサイバー社との事業提携は雲散霧消《うんさんむしょう》してしまう。

菅は和泉の政策遂行力を頼り、和泉は菅の期待に応えようとする。二人は官邸内で強固なラインで結ばれ、縦横無尽《じゅうおうむじん》に政策を動かしてきたといえる。

だが、和泉と今井の〝上役〟二人の関係が、ぎくしゃくする場面が目立つようになる。とりわけ安倍政権の終盤になると、菅は小泉進次郎や河野太郎を取り込み、次をうかがってきた。首相の安倍にとって菅は、単なる女房役の官房長官ではなく、自らにとって代わられる相手に映っていった。

と同時に、燻ってきた官邸官僚たちの不協和音が、大きく聞こえてくるようになる。

外交デビューに寄り添う首相補佐官

誰がイメージ戦略を振り付けたのか不明だが、「令和おじさん」と呼ばれて人気者になった官房長官の菅は、番記者たちとのパンケーキ会食でも話題をさらった。それまで次の総理候補レースで支持率のどん尻を走り続けてきた菅は、令和人気の勢いに乗り訪米を果たす。菅にとっては、一五年十月のグアムの米軍視察に次ぐ、二度目の訪米となったが、その意味合いはグアムのときとはまったく異なる。

菅は官房長官に就任して早々、沖縄普天間基地移設の担当大臣を兼務した。普天間基地では、米海兵隊の訓練基地の一部をグアムに移す計画があり、そこを視察するのは菅にとってむしろ自然な流れでもあった。

しかしワシントンのホワイトハウス訪問となると、個別のテーマではなく、トランプ政権そのものとの折衝《せっしょう》という話になる。菅の訪米が「内政を預かる官房長官の異例の外遊」「ポスト安倍に名乗りをあげた」と国内の関係者の口の端《は》にかかるのも無理はなかった。そんな菅の訪米に影のように寄り添い、同行したのが和泉である。

霞が関のエリート官僚たちは将来にそなえ、それぞれ海外留学経験を積んで英語を習得する。一方、和泉は日本国内の英会話教室に通い、「駅前留学」で英語を話せるようになった異能の官僚だ。英語の不得意な菅にとっては、心強い腹心でもある。

和泉は現地時間の五月九日から十一日まで、米国で菅と行動をともにした。菅はトランプ政権時代のペンス副大統領を皮切りに、ワシントンでシャナハン国防長官代行やポンペイオ国務長官と立て続けに会い、十日にはニューヨークで米金融関係者とも面談した。そのあと北朝鮮拉致問題をテーマに講演をこなし、翌十一日に帰国の途についた。米国通の外務官僚が言った。

「和泉さんはホワイトハウスでの会談で菅さんの横に控えていた。菅さんの外交デビューといわれたけど、和泉さんのホワイトハウスデビューだ、と霞が関では評判になりました」

和泉は本来、首相の補佐役である。それが官房長官の補佐をしたことになる。こちらのほうもかなり異例だといえる。

和泉の訪米は沖縄の米軍基地問題を担当しているためだとされる。それは、菅総理誕生に備えた米国要人とのネットワークづくりではないか、とまで取り沙汰された。

首相補佐官として和泉に任命された担務は、「国土強靭《きょうじん》化や復興などの社会資本整備、地域活性化ならびに健康・医療に関する成長戦略」となっている。だが、行動範囲はそれにとどまらない。沖縄問題は菅が官房長官とともに担当大臣を兼務してきたため、官房副長官の杉田和博が補佐するのがライン上の任務だ。そこへ首相補佐官の和泉がとって代わり、辺野古基地建設工事に出張った。米軍基地との交渉窓口である沖縄防衛局に古巣の国交省港湾局から「チーム和泉」の選抜隊を送り込み、強引に埋め立てを進めてきた。

また和泉は菅の指示で鹿児島県種子島《たねがしま》の沖合にある馬毛島《まげしま》を米空母艦載機の離着陸訓練場にしようと、国交省を巻き込んで計画を進めている。馬毛島の米軍訓練基地についてもまた、安倍政権の発足からしばらくは官房副長官の杉田が島の地権者と交渉してきた。これも和泉が割り込んだ格好だ。

そして菅・和泉ラインの仕切りとなり、二人はかなり強引にことを進めた。杉田は地権者との交渉を重ねていた頃、空港建設用地を四十五億円と鑑定していた。一方、和泉が担当するようになると、用地の価格を百六十億円に引き上げ、地権者から買い取ることに決めた。当初の鑑定価格からすると、優に三倍を超える取引である。法外な買値の根拠については、まるで「森友学園の再燃だ」との声まで上がっている。

和泉は国内の空港民営化や観光事業、カジノＩＲ（統合型リゾート）構想にいたるまで、ありとあらゆる政策分野に口を挟んだ。さらに新幹線や港湾開発をはじめとした東南アジアへのインフラ輸出まで手掛けてきた。だが、いっときうまくいったのはインバウンド政策ぐらいだろうか。あとの政策や計画はことごとくとん挫している。

今から振り返ると、唯我独尊と批判を浴びた今井は、その実、菅・和泉ラインとの対立構造があっただけに、彼らのブレーキ役になってきた側面もあった。そこに思わぬ事態が発生する。コロナウイルスの急襲だ。図らずもコロナの失政が、今井対菅の対立構造に終止符を打つ結果になる。

第三章

茶番の政権禅譲

2020年8月28日、持病の潰瘍性大腸炎が再発したとして、総理辞任を表明した安倍晋三。
（写真提供：共同通信）

「菅さんが立つことに」

すでに首相の椅子を約束された政権ナンバー2とアテ馬の候補者を連日テレビに出演させ、マスコミが一生懸命総裁レースを盛りあげる。二〇二〇年八月末から繰り広げられた自民党総裁選のバカ騒ぎをひと言で表せば、そうなるだろうか。

「石破茂や岸田文雄は安倍総理の辞任会見からすぐに総裁選の出馬を表明したけど、菅さんは総理の無念を察して日にちをおいた。それがよかった」

「派閥の長老たちは、安倍政権の継続を掲げる菅支援に雪崩を打った」

「ダークホースが大本命になった」

自民党総裁選では、登場する政治評論家たちがそう囃し立てた。だが、菅の圧勝は新聞やテレビが騒いできたように、安倍の辞任会見のあとに決まった流れではない。出馬表明するずっと前から勝負は決まっていた。

私の耳に官邸関係者からその一報が届いたのは、八月二十日のことだ。安倍が三日間の夏休みをとり、公務に復帰したあくる木曜の午前中だった。まさしく唐突なメールだった。

「菅さんが立つことに決まりました」

安倍首相の退陣、さらに総裁選の菅出馬を知らせる一報である。盆明けのこの時点で、すでに安倍と菅のあいだで政権を禅譲するシナリオを描いている。それがメールの意味だ。さすがに驚いて、すぐにメールの送り主に電話をかけた。すると、こう説明してくれた。

「実はこれまで（安倍）総理は麻生先生など、ごく近い限られた人だけに退陣の相談をしていました。とくに麻生先生とは、十五日に私邸に招いて膝詰めで話しています。そのとき総理は麻生先生に『総理の臨時代理を頼めないでしょうか』と打診したが、それに対して麻生さんは『それはまずい。体調が悪いなら少し休めばいい』と説得したのです。少なくともこのとき辞める腹を固めていたのでしょう」

もともと安倍の持病である潰瘍性大腸炎再発と退陣説は、七月六日に官邸で吐血したという情報が発端になっている。騒ぎに火が付いたのは、それからひと月後のことだ。八月四日発売の写真週刊誌「ＦＬＡＳＨ」が吐血を報じ、騒ぎになった。とうぜんのごとく官房長官の菅は病気再発説を打ち消してきた。が、次第にそれが確定情報に変わっていく。盆前になると、萩生田《はぎうだ》光一《こういち》や甘利明、稲田《いなだ》朋美《ともみ》といった首相に近い自民党国会議員たちも、「総理は少し休めばいい」と声を上げていった。

総理大臣の病気という国のトップシークレットがこうまで簡単に漏れ、それを肯定《こうてい》するかのような周囲の発言が続く事態そのものが異常であった。メールを送ってくれた先の官邸関係者は、なぜそうなったのか、その理由について次のように謎解きをしてくれた。

「総理はあのあたりから、まわりの親しい人が心配して声をかけると、『もう辞める』と弱音を吐くようになっていきました。一足先に夏休みをとった麻生先生の静養先である軽井沢にまで毎日電話をかけていたそうです。麻生先生は『辞めるのはまだ早い』と何度も慰留《いりゅう》したけど、『もう菅ちゃんに任せたい』と聞き入れなくなっていった」

実のところ安倍の弱音や菅の〝政権奪取〟の動きはもっと早くからあったようだが、現実にことが急展開したのが、八月の盆前あたりからだ。

巷間、指摘されてきたとおり、首相の退陣について安倍ならびにその側近たちには一つの懸念があった。間違っても次の首相が石破茂になっては困る。森友・加計問題を蒸し返そうとする石破政権を回避するためにはどうすればいいか。コロナが猛威を振るうさなか、安倍の頭は、石破対策で頭がいっぱいになっていく。そうして持病の再発による首相退陣の流れができあがっていった。

首相と官房長官のすきま風

前述したように、もとはといえば、改元以来、「令和おじさん」として国民の知名度をあげた菅に対し、安倍ならびに側近の経産官邸官僚たちとの確執が官邸内で燻っていった。ある意味、その諍いの火に油を注いだのが、小泉進次郎の結婚だといえる。滝川《たきがわ》クリステルとの結婚を決めた小泉に、菅はわざわざ官邸で結婚報告をさせた。小泉は彼女と官邸内でぶら下がりの記者会見まで開いた。

「滝川クリステルさんと官房長官にご挨拶と報告にうかがいまして、官房長官からは『ま、総理いるから総理にもよかったら』ということを言っていただきまして、総理にも直接ご報告できました」

冗談交じりにそう語った。あたかもその報告は、官房長官の菅がメインで首相はついでのようなもの言いだ。

おまけに菅はこのあとの二〇一九年夏の組閣で、自ら人選した入閣案を安倍に認めさせた。それが河井克行《かわいかつゆき》と菅原一秀《すがわらいっしゅう》の大臣就任だ。一五年に首相補佐官に任命された河井は安倍の側近だと報じる向きもあったが、実のところ菅に近い。同じ九六年初当選の同期組だ。また菅原も菅を囲む無所属の会の中心メンバーで、二人仲よく写った選挙ポスターを使ってきた。いわば側近二人を押し込んだ閣僚人事だけに、安倍はもとより、総理の分身と異名をとる今井たちが面白くないのはとうぜんだった。

菅と今井が水面下で政権の主導権争いをして安倍と菅の溝が深まっていくなか、河井や菅原の選挙違反事件が次々と明るみに出たのは、周知のとおりである。さらに菅の懐刀として政権における多くの政策を担ってきた、首相補佐官の和泉洋人の不倫騒動まで発覚した。

結果、菅自身は一九年の秋以降、重要政策から外されていった。年が改まり、四月、五月のコロナの第一波襲来局面では、今井をトップとする首相直轄の官邸官僚が対策を取り仕切り、菅は蚊帳の外に置かれた。小中高校の全国一斉休校やアベノマスク、給付金などの政策にタッチすることもなかった。

「首相と官房長官にすきま風」

そうマスコミが騒ぎ、双方の関係は修復不可能とまでいわれる。「令和おじさん」のいきおいはこの時期、すっかりナリを潜《ひそ》めてしまった。

岸田外しの真相

もともと安倍が次期総理と想定してきた意中の国会議員は菅ではなかった。前自民党政務調査会長の岸田文雄に政権を譲りたがっていたことは、よく知られている。

ところが、いつのまにか安倍本人だけでなく、自民党派閥領袖たちは岸田から菅に乗り換えた。政治評論家などによれば、それは安倍が発信力や求心力に欠ける岸田を見限ったからだとされる。とりわけ安倍は、コロナ禍の景気対策「所得制限付き世帯向けの三十万円の定額給付金」問題の岸田の対処を見て心変わりしたとされた。次の首相候補である岸田にハク付けをしようと三十万円の給付政策を発表させたにもかかわらず、党幹事長の二階俊博がその撤回を迫り「全国民の十万円一律給付金」に落ち着いた。これは岸田の調整力の欠如が招いた結果だ、と官邸内の評価が下がり、安倍が岸田に見切りをつけたという論法だ。

しかし、真相はそうではない。三十万円の定額給付金は、経産省出身の今井を中心に、財務事務次官の太田らとともに打ち出した政策である。財務省が財源を確保し、総務省が給付を担う。今井チームが「一人あたり三十万円を配るから詳細を検討しろ」と、財務省や総務省で事務方を担う現場の官僚に無茶な指示を飛ばしてきた。なにしろ一人世帯でも五人世帯でも同じ三十万円の給付、というあまりにわかりにくい制度である。現場の官僚たちからは、すこぶる政策の評判が悪かったが、案の定、公明党やその支持母体である創価学会からも批判が殺到した。

つまるところ、当初の三十万円の給付は経産出身の官邸官僚の政策であり、安倍自身が彼らに任せたコロナの景気対策である。したがって本来、そこに不満が出たら、安倍あるいは今井たちが責めを負わなければならない。また公明党からの批判なら、日頃から創価学会とのパイプ役を自任してきた官房長官の菅や党幹事長の二階が抑え込むべき話だ。

だが、その二階が逆に官邸にねじ込んだのだから、理屈が合わない。挙句、政策の撤回を岸田のせいにしてしまったのである。なぜそんな事態になったのか。別の官邸関係者が解説してくれた。

「そこが二階さんの老獪《ろうかい》なところなのです。もともと岸田さんは来たる（二〇二〇年）秋の人事で幹事長になり、次の総理総裁を目指したいと考えてきた。一方、二階さんは幹事長ポストを死守したい。そこで、この際、公明側の立場に立ち、岸田さんを追い落とそうとしたのでしょう。三十万円の給付政策を発表したのが岸田さんなので、撤回させれば岸田のせいになる、と」

ではなぜ、安倍はこだわっていた岸田への政権禅譲を諦《あきら》めたのか。その答えは、やはり石破茂がカギを握っているようだ。そこでも二階は狡猾《こうかつ》に立ち回る。

二階の考えた策が石破への急接近だ。もともと田中角栄門下の二階と石破の二人は、仲が悪いわけではない。そこで二階は安倍が毛嫌いしている石破派のパーティに講師として参加したり、石破を自民党鳥獣議連の会合にゲストとして招いたりし始めた。おまけに記者のいる前で石破のことを「期待の星」と持ち上げた。つまりこれらの動きは「俺を幹事長ポストから外せば、次の総裁選で石破を担ぐぞ」という官邸に対するブラフにほかならない。

その思惑どおり、石破だけは次の総理に就けたくない安倍が岸田を見捨てた。安倍は、一時期、外務大臣の茂木敏充はどうか、と心が傾いたという。それが、安倍が慶応病院の人間ドックで検査を受けた六月十三日前後のこと、記者会見で安倍自身が「潰瘍性大腸炎再発の兆候が見られた」と認めていた時期である。事実、失政続きのコロナ対策でストレスがたまり、身体に異変が生じたのかもしれない。「ポスト安倍は茂木」という情報が永田町を駆け巡った。が、それもいつしか立ち消えとなる。

そしてこのあたりから菅の逆襲が始まる。その手段の一つが二階へのすり寄りだ。ひょっとすると菅は、二階の手法を見習ったのかもしれない。菅は二階と同じく、安倍に対して石破カードをちらつかせた。石破派の会長代行である山本有二《やまもとゆうじ》と会食。会ったのは一月だが、なぜか四月になってその情報が漏れだした。

本人が自ら石破との連携を漏らして騒ぎ立てたかどうか、そこは定かではない。しかし現に「安倍と決別か」と、菅の石破への急接近ぶりがことさらクローズアップされていった。むろん菅にとっては渡りに船だ。「俺を蔑《ないがし》ろにすれば石破と組むぞ」という安倍や側近の官邸官僚に対するブラフになる。まるで二階流だ。

天井を平らげた病気の首相

おまけにこの頃、首相を支えてきた今井たち経産省出身の官邸官僚の失態が相次ぐ。コロナ対策で後手にまわった上、アベノマスクはもとより、中小企業の救済策として打ち出した持続化給付金では、電通と経産省とのなれ合いが問題になる。失政続きの今井たちは立場がなくなり、彼らに政策を委ねてきた安倍もまたピンチに陥った。概して安倍晋三は持病の悪化により退陣を決意したように伝えられてきたが、実はそれも怪しい。

安倍は六月十三日に慶応病院の人間ドックを受診し、そこで持病の潰瘍性大腸炎が再発している疑いがある、と診断された。それはたしかだろうが、持病の再発となれば、医師からも日々の生活や働き過ぎに注意するよう指導されるはずだ。しかし、そんな様子はうかがえない。

幸いにもこの頃、四月から蔓延してきたコロナの第一波が落ち着いていた。緊急事態宣言解除の解放感からだろうか、安倍自身、政財界の重鎮たちとけっこう会食している。六月十三日から七月までの新聞各紙で報じられた首相の会食状況を抜き取ってみた。

まずは六月十九日の動静では、〈東京・虎ノ門のホテル「アンダーズ東京」。レストラン「ザ　タヴァン　グリル&ラウンジ」で麻生太郎副総理兼財務相、菅氏、甘利明自民党税制調査会長と会食〉とある。続いて二十日〈東京・永田町のザ・キャピトルホテル東急。レストラン「ＯＲＩＧＡＭＩ」で秘書官〉、二十二日〈東京・丸の内のパレスホテル東京。日本料理店「和田倉」で細田《ほそだ》博之《ひろゆき》自民党元幹事長〉、二十四日〈東京・赤坂の日本料理店「たい家」。自民党の二階俊博幹事長、林幹雄《はやしもとお》幹事長代理〉、二十九日〈東京・永田町のザ・キャピトルホテル東急。日本料理店「水簾」で甘利明自民党税制調査会長、作家の伊集院静《いじゅういんしずか》氏、金指潔《かなざしきよし》東急不動産ホールディングス会長〉となっている。

七月に入ると、一日〈公邸。松尾新吾《まつおしんご》九州電力特別顧問、石原進《いしはらすすむ》JR九州特別顧問、仏壇仏具販売「はせがわ」の長谷川《はせがわ》裕一《ひろかず》相談役〉、三日〈東京・赤坂の日本料理「もりかわ」。葛西敬之《かさいよしゆき》JR東海名誉会長、北村（滋）国家安全保障局長〉、十三日〈公邸。宮家《みやけ》邦彦《くにひこ》キヤノングローバル戦略研究所主幹、吉崎達彦《よしざきたつひこ》双日総合研究所チーフエコノミスト〉、二十一日〈東京・松濤のフランス料理店「シェ松尾　松濤レストラン」。長谷川（榮一）首相補佐官、前秘書官の鈴木浩《すずきひろし》外務審議官、秘書官〉、二十二日〈東京・銀座のステーキ店「銀座ひらやま」。自民党の二階俊博幹事長、林幹雄幹事長代理、元宿仁《もとじゅくひとし》事務総長、プロ野球ソフトバンクの王貞治《おうさだはる》球団会長、俳優の杉良太郎《すぎりょうたろう》、政治評論家の森田実《もりたみのる》氏、洋画家の絹谷幸二《きぬたにこうじ》氏〉、三十日〈東京・丸の内のパレスホテル東京。日本料理「和田倉」で岸田文雄自民党政調会長〉といったアンバイだ。

なかでも六月十九日の安倍、麻生、甘利、菅の会食は「3A1S」会談と呼ばれ、首相の安倍が珍しく官房長官の菅を誘った「手打ち式」だと注目された。それまでの〝すきま風〟を軌道修正したのではないか、と取り沙汰されたものである。

事実は手打ちというより、政権禅譲への道程にあったのだが、安倍自身の健康にさほどの変化があったようには見えない。安倍自身、その後の辞任会見でこの時期に具合が悪くなったと言っているが、その割に、頻繁に会食を重ねている。実際に食事をともにした何人かに様子を聞いてみた。

「普段どおりというか、食欲はかなりあったよ。料理がひと通り出て来たあと、総理がシメに注文したのが天丼でした。そんなに大きなどんぶりではないけど、残さずペロリと平らげていたものね」

日本食をともにした会食相手がそう言えば、洋食のケースでは次のような具合なのだ。

「総理はステーキが好きなんだね。前の週に銀座の『かわむら』を予約していたけど、キャンセルして食べ損ねたそうなんだよ。で、次の週に改めて別の店にした。そこで、シェフから『メインディッシュのステーキはどうされますか』と聞かれて総理の頼んだのが、あっさりしたヒレではなくて、サシ（脂肪）の入ったサーロイン。ふつうに百五十グラムを完食していたね」

もとより新聞に載る首相の記録がすべての動きをとらえているわけではない。確認できただけでもこの間、安倍はさまざまな人たちと会食してきた。難病の再発を公表した首相自身の辞任会見を受けたあと、六月以降の会食でほとんど料理に手をつけなかったと報じられてきた。だが、なかにはアルコールまで口にしていたと話した同席者もいた。

むろん安倍の抱える潰瘍性大腸炎は難病なので完治せず、調子のいいときも悪いときもあるだろう。反面、ここまでふつうに会食できるなら、職務を続けられたのではないか。そんな素朴な疑問を抱く。また、安倍の病状の漏れ方も妙である。国の首脳の病状がなぜこうも簡単にマスコミに漏れてきたのか。それ自体、異常というほかなかった。

病気情報の意外な出元

首相の病状を最初に報じたのは、写真週刊誌「ＦＬＡＳＨ」だと先に書いた。八月四日の発売以来、マスコミ各社が安倍の病気情報を追いかけてきた。

「潰瘍性大腸炎を抑え込み、政権にカムバックさせた特効薬、アサコールがもはや効かなくなった」

「潰瘍性大腸炎は自己の免疫が暴走して炎症を起こすので、免疫抑制剤のレミケードに切り替えたが、その効果が出ていない」

「炎症を防ぐ血液中の白血球を体外に取り出して入れ替える最新鋭のＧＣＡＰまで使い始めた。いよいよ危険な状態だ」

そんな重篤情報が漏れだし「週刊新潮」や「週刊文春」なども、安倍のＧＣＡＰ使用を報じてきた。病気情報はどんどんエスカレートし、なかにはすい臓がん説を唱える〝情報通〟まで出始めた。

だが、伝えられているそれらの病状そのものが、かなり怪しかったというほかない。たとえば当の本人は、吐血したとされた七月六日の三日前にＪＲ東海名誉会長の葛西敬之と和食をともにし、さらにその一週間後には公邸に親しいエコノミストたちを招いて会食している。官邸の関係者が説明してくれた。

「最初の吐血情報は嘔吐《おうと》に過ぎないという説もあれば、間違いだともいわれています。その後の様子からしても、この時点でそれほど病状が悪化していたとは思えません」

こうも言った。

「ただ八月の後半からは具合が悪かったようです。八月十七日と二十四日に二度慶応病院に行ったあとは、『あれ（治療）はきつかった』と総理ご自身が話していました。だから何らかそれまでにない治療をしていたのは間違いないでしょう。たぶんこのときに投与されたのがレミケードじゃないでしょうか」

自己免疫の暴走を防ぐレミケードはリウマチや膠原病《こうげんびょう》などにも投与される。血液検査を受けたあと心電図や酸素飽和度を見るモニターを設置し、体重に応じで最低でも二時間以上、点滴をおこなう。点滴後、頭痛や発熱、眠気などの副作用を伴うケースもある。安倍首相の場合、慶応病院の治療に一回あたり四〜七時間かかっているが、休憩や問診などを含めると、レミケードの治療時間はそのくらいになる。

完治が難しい難病の潰瘍性大腸炎では、よく使われる新薬でもある。首相が折に触れ、普段から使っていた可能性もある。だが、ＧＣＡＰを使っていたかどうか、については疑わしい。先の官邸関係者の見方はこうだ。

「文春や新潮の報道を受けた総理は、さすがにＧＣＡＰはやっていないと否定していました。あれはコロナ治療の切り札のＥＣＭＯ（体外式膜型人工肺）のように、一度体外に血液を取り出して体内に戻す。最終手段に近い。八月の初め頃総理はたしかに辛そうで、壁に手を突いて歩いていましたけど、ＧＣＡＰまではやっていないと思う。最近の復活ぶりを見ていると、レミケードが辛かったんじゃないかな」

吐血情報からＧＣＡＰにいたるまで、ことさら深刻な病状が出回ってきた。それにつけても、なぜレミケードだ、ＧＣＡＰだ、という具体的な治療方法まで漏れるのだろうか。そこについては、ある政治部記者がこう打ち明けてくれた。

「病状の出元は政務秘書官の今井さんだと聞いています。総理につきっきりの今井さんは最大の相談相手です。今井情報を元に記者たちは慶応病院にまでひっついていき、絵（写真や映像）までばっちりとってきた。つまり今井さん自身が、病気による退陣のシナリオを印象付ける役割を担ったのではないでしょうか」

そして八月二十日を過ぎると、首相の側近議員たちまで、「休みをとってほしい」と半ば公然と病気を認めるようになる。

周囲は説得を続けたが、安倍は次第にやる気をなくしていき、政権運営の主導権が今井たち経産省出身の官邸官僚から菅や二階に移っていった。あとはいかにしてスムーズに安倍を退陣させるか、首相官邸ではそこに関心が向かっていったように感じる。

人間ドックを受けた安倍は、その二カ月後の八月十七日と二十四日、慶応病院で治療を受けた。そこで改めて潰瘍性大腸炎の再発が確認される。そこから二十八日の〝電撃辞任〟会見となった。

「本（二〇二〇）年六月の定期健診で、（潰瘍性大腸炎）再発の兆候がみられると指摘を受けました。先月なかごろから体調に異変が生じ、八月上旬には潰瘍性大腸炎の再発が確認されました」

ときに目に涙をためながら話した首相の辞任会見により、同情の声がいっせいに上がった。そこから四割を切りかけた退陣寸前の内閣支持率が持ち直した。

だが、事実を並べてみると、コロナという国難のさなかの政権投げ出しにほかならない。少なくとも辞任は電撃的に決まったものでもない。この間の出来事をつぶさに検証すると、外連味《けれんみ》を覚える。

「病気だからやむなし、総理はさぞかし無念だろう」

安倍に対するそんな同情論は、計算ずくで練られ、本人はもとより菅が望んだシナリオでもあったのであろう。実際、世間の同情にかき消され、安倍に対する政権の投げ出し批判は封じ込められた。

根強い仮病退陣説

二〇二〇年四月にレクサスＬＳ６００ｈＬからセンチュリーにモデルチェンジしたばかりの内閣総理大臣専用車が、広い駐車場に滑り込む。そこにはあらかじめ新聞記者だけでなく、テレビクルーまで待機していた。マスコミ各社の安倍番が、病院に消える総理の姿を見送る――。

二〇二〇年八月から九月にかけ、そんな光景が何度も繰り返された。安倍は渋谷区富ヶ谷の私邸を出て官邸に向かう前にしばしば東京・信濃町の慶応大学病院に直行した。道中もＳＰや今井だけでなく、報道陣がいっしょだった。たとえば八月十七日、二十四日、九月十二日もそうだ。マスコミを引き連れた首相の病院通いが、なかば恒例のようになっていた。

難病が再発したと言いながら、新聞で確認できる首相の動向を見る限り、毎日のように政府関係者だけでなく、外部の有識者とも面談をこなしていた。

「辞任を決めて吹っ切れたのでしょうか。すっかり元気を取り戻していますよ。十二日の前の日には、谷口《たにぐち》（智彦《ともひこ》内閣官房参与）さんや鈴木（浩外務審議官）さんたち外務省関係者を呼んで慰労《いろう》会を開き、コース料理を食べてワインまで飲んでいる」

政府の関係者は異口同音にそう話す。首相として最後の務めを果たすため、以前と変わらないように忙しく働いているのだと持ちあげる。だが、なかにはこう辛辣に指摘する関係者もいた。

「政権を投げ出さなければならないような病状ではないように感じます。少なくとも一次政権のときのように、十分おきにトイレに駆け込むような状態ではなかったでしょう。病気と言いながら、実は総理を辞めたかっただけじゃないでしょうか」

安倍晋三の首相電撃辞任には〝仮病説〟も根強い。それを打ち消すかのように、本人が敢《あ》えてマスコミ同伴で通院をしてきたかのように受け取れなくもない。

安倍晋三は道半ばにして病に倒れ、断腸の思いで退陣せざるを得なかった。実は深刻な病状のリークは、そんな安倍から菅への政権禅譲のシナリオに欠かせなかったのかもしれない。実のところ、あの当時の安倍の病状はいまだに判然としないが、それでいて世間は同情した。

この間の出来事や風聞は、すべて菅首相誕生に向けた筋書きに思えてならない。これまで菅との確執が囁かれていた今井が、菅への政権禅譲に力を貸したようにも見える。自らのコロナの失政に政権運営のやる気を失い、岸田では石破に勝てないから菅しかない、という「総理の意向」が、今井に働いたのではないだろうか。もとよりそれは菅にとって、大歓迎だ。

ではいったい菅はいつの時点から政権の実権を握っていったのだろうか。その転機がGoToキャンペーンの開始だったのは間違いない。GoToキャンペーンというコロナの景気対策のおかげで菅が息を吹き返し、安倍や今井たちと立場が逆転していった。

もともとGoToキャンペーンには、「トラベル」「イート」「イベント」「商店街」と四事業があり、今井たち経産省出身の官邸官僚が、コロナの終息したあとの景気浮揚《ふよう》策として発案した。経産省が事業を一手に引き受け、電通を受け皿にする予定だった。だが、持続化給付金事業のトンネル会社発覚のせいで電通が降りてしまう。

いきおい経産官邸官僚の影響力も失墜し、GoToは事業ごとに担当官庁が担うことになる。なかでも一兆七千億円の総予算の中核であるGoToトラベルを扱ったのが、国交省観光庁だ。そこはインバウンド政策を進めてきた菅と運輸族議員である二階の得意分野でもあった。

結果、コロナ終息後に始めると閣議決定されていたＧｏＴｏキャンペーン全体を菅・二階で取り仕切るようになる。これにより、首相の側近グループによって蚊帳の外に置かれてきた菅は復権した。

高い支持率の船出

二〇二〇年八月二十日、「菅さんが（総裁選に）立つことに決まりました」とメールをしてきた官邸関係者はこう言った。

「官邸の今井たちは初め麻生先生の臨時代理でしのごうとしたようですが、総理が『菅ちゃんに任せる』と説得を受け付けない以上、仕方がない。そこから総裁選のやり方を検討していきました。両院議員総会と都道府県の党代表三名の投票による緊急選挙にすれば、菅さんでも石破さんの票を上回れる、となったんです」

実は両院議員総会などによる総裁選は、もともと岸田政権実現へ向けたアイデアでもあるのだという。

八月二十八日、安倍は首相の辞任会見をした。もっとも、多くの新聞記者たちは会見の前まで辞任すると予想していなかった。当日午前中の共同通信はいったん「政権続投の見込み」と配信してしまう。明らかな誤報なのだが、それに倣《なら》い、午前中の新聞やテレビは、どこも夕刻五時からの会見内容を安倍続投と予測していた。昼過ぎ、ＮＨＫが情報をつかみ、各社とも辞任の予定稿を準備し始めた。

「どうやら辞任を表明するらしい」

現実には少なくとも二十日の段階で菅への政権禅譲がほぼ確定的になり、党員投票せず、国会議員と都道府県代表の三名による総裁選の形も整っていた。そこから会見までの一週間あまり、安倍に対する慰留電話が繰り返されたようだが、当人が「菅ちゃんに任せたい」と頑《かたく》なに言って意志は翻《ひるがえ》らず、二十八日の辞任会見に雪崩れ込んだ。

本人の辞任記者会見によれば、八月上旬に持病の潰瘍性大腸炎が再発したと診断され、辞任を決意したというが、安倍晋三にとっては、二度目の政権投げ出しである。二〇〇七年九月の第一次政権の辞任会見では、医師団が寄り添っていた。だが、内閣総理大臣が退陣しなければならないほどの病気について、医師は一人も同席しなかった。おまけにその後も医師の説明はない。異様な事態だ。

ことはすべて事前に用意されたシナリオどおりに進んでいったかのように映る。

二十八日夜から自民党二階派がいち早く動き、菅との連携を深めていった、とするまことしやかな報道もあった。表向き、わずか一日で菅総理誕生の流れができたことになっている。だが、自民党総裁選は初めから勝負が決まっていた。

九月二日、自民党総裁選に名乗り出た菅義偉はその出馬会見で、安倍からの政権禅譲はなかったと言い張った。マイクを握った菅は雪深い秋田の農村から高校を卒業し、単身上京して政治家になった自らの泥臭い生い立ちを、しきりにアピールした。選挙では、世襲の政治家ではない地方思いの苦労人を演じ、ふるさと納税の旗振り役として、地方の活性化を訴えてきた。

そうして菅は新たに首相の座に就いた。歴代内閣三位という高い支持率を得た。それは農村出身の苦労人だからではなく、前首相に対する同情があればこそであろう。だが、意気揚々と政権の船を出したはずの新宰相のハネムーン期間は、百日ともたなかった。あれほど高かった内閣支持率が瞬《またた》く間に急落する。

第四章 菅新政権の強権人事

元警察官僚で、内調室長、内閣情報官、内閣危機管理監などを経て、第二次安倍政権で官房副長官に就いた杉田和博。同職のまま内閣人事局長を兼務し菅政権を支える。
（写真提供：時事）

飛び出した学術会議問題

菅義偉内閣がスタートしてから二カ月後の二〇二〇年十一月四日、衆院予算委員会で立憲民主党の辻元清美《つじもときよみ》が、日本学術会議メンバーの任命拒否について質問に立った。

「六人の除外をいつ、誰から聞いたのですか」

そう問われると、新たな首相はもごもごと答える。

「(六人を外すことを知ったのは) 決裁をする前。多分、杉田官房副長官からだと思います」

政権発足以来、日常風景となった二転三転する首相の答弁のなか、初めて杉田和博の存在を明らかにした。さすがにこれに対し、警察庁OBは憤《いきどお》りを隠さない。

「あれを言ってはお終《しま》いでしょう。たしかに安保法制や特定秘密保護法などに反対してきた学者を調べ、問題視したのは杉田さんでしょうけど、最終判断は官僚ではできないわけですから。あれでは杉田さんの立つ瀬がない」

杉田は二〇一二年の第二次安倍政権発足にあたり、官房副長官に登用された。首相の安倍が希望した、いわゆる首相枠の官邸官僚だ。首相の安倍と政権ナンバー2だった菅とのパイプ役を担ってきたとされる。だが、安倍前政権の終盤、杉田の立ち位置が微妙に変化してきたという。先の官邸関係者はこう見る。

「安倍政権時代、何度も倒れた高齢の杉田さんは、その度に官房副長官から身を引きたいとおっしゃり、安倍総理から慰留されてきました。でも、この（二〇二〇年）夏頃からでしょうか。安倍前総理が政権運営にやる気をなくし始め、菅さんがその後釜に座るべく、さまざまな画策をしてきた。結果的に安倍総理の退陣となり、杉田さんはとうぜん、副長官をお辞めになると思われていたのです。ところが、安倍総理の辞任発表後、いち早く続投を表明された。それもそのはず。菅総理誕生の流れをつくった一人が杉田さんだから」

菅政権を支える公安警察

一九六六年三月に東大法学部を卒業して警察庁入りした杉田は、警察官僚の出世街道である警備・公安畑を歩んできた。在フランス日本国大使館の一等書記官を経験し、八〇年に警備局外事課の理事官となって以来、もっぱら外事関係の任務をこなしてきた。八二年、中曽根康弘《なかそねやすひろ》内閣で官房長官を務めた後藤田正晴《ごとうだまさはる》の秘書官となったのが、官邸とかかわるきっかけとなる。

杉田と同期入庁のライバルには、田中節夫《たなかせつお》がいる。二人は警察庁長官と警視総監という警察の二大ポストを争い、杉田は順調に出世した。鳥取県警本部長などを経て八八年に外事課長に就任し、八九年警備局公安第一課長、九一年警務局人事課長、九二年に警察庁長官官房総務審議官となる。

ところが九三年三月、当時の警察庁長官、城内康光《きうちやすみつ》がおこなった〝左遷人事〟により、杉田は神奈川県警本部長となる。神奈川県警本部長はもともと、警察キャリアのアガリポストだとされてきた。五十歳を過ぎた杉田は、もはや警察庁長官や警視総監を望めない。あとは防衛庁など他省庁への出向が待っているだけだ、と噂された。

だが、杉田の警察官僚人生はそこからさらに二転三転する。神奈川県警本部長就任からわずか一年後の九四年七月、警察庁では國松孝次《くにまつたかじ》長官体制が発足した。杉田はその三カ月後の十月、國松体制で警備局長という花形ポストに返り咲く。そこで運悪くオウム真理教事件や九五年三月の長官狙撃事件に遭遇した。これが警備局長としての大失態となる。

しかし、杉田はそこで終わらない。九七年四月、大森義夫《おおもりよしお》から後継指名され、後任の内閣官房内閣情報調査室（内調）室長に就く。五二年に内閣総理大臣に直結する日本版ＣＩＡ構想からスタートした内調は、長らくインテリジェンス情報機関として機能せず、組織強化を悲願としてきた。かつて秘書官として仕えた元官房長官の後藤田が、内調のインテリジェンス機能強化を働きかけ、室長を従来の局長級から事務次官級のポストに格上げした。大森がそのテコ入れに乗りだし、杉田を起用したのである。

杉田の就任した内調室長は、中曽根康弘以来、米国型の官邸機能強化を目指してきた自民党政権の官僚機構変更に伴い、小泉純一郎政権下の〇一年一月、中央省庁再編に伴う内閣法の改正により、内閣情報官に名称が改められる。情報官は名称だけでなく、それまで政令で定められていた室長から法定ポストに昇格した。従来の内調室長より権限が強まり、ここから名実ともに国内のインテリジェンス情報の収集を託される特別職となる。

内調室長だった杉田は、初代の内閣情報官に任命された。官邸における官房長官、官房副長官、危機管理監を補佐し、内閣の重要政策に関する情報の収集および分析、調査事務を掌理《しょうり》する。形の上では官房長官の部下となるが、のちの第二次安倍政権では首相の直轄部隊として、機能した。そこで情報官に就いたのが北村滋である。

杉田は情報官からさらに枢要《すうよう》ポストに就いていく。〇一年の四月には、内閣危機管理監に昇進した。危機管理監は内閣官房長官を補佐し、危機管理に関する機能を統理するポストとして九八年に新設された。歴代の警視総監が就いてきたが、警視総監の経験のない杉田は、例外として扱われたといえる。

もっともその後、政権中枢から外れた時期もある。〇四年に危機管理監を退官した杉田は、内調の外郭団体である財団法人「世界政経調査会」の会長に天下る。また、民間のJR東日本やJR東海に請《こ》われ、顧問を務めていた時期もある。警察庁のOBが言った。

「もとはJR東の顧問だった杉田さんに対し、ライバル会社のJR東海の葛西名誉会長が『東から引きはがして顧問に雇え』と指示を出して迎え入れたと聞いています。ただ労使のあいだで組合に翻弄されたＪＲ東に比べ、ＪＲ東海では労働組合対策の必要がなくなっていたので、杉田さんはあまりやることがなく、顧問室で新聞を読んで過ごしていたそうです」

いったん野《や》に下った杉田を第二次安倍政権発足時に政権中枢に呼び戻したのが、安倍の財界応援団長と呼ばれる葛西だといわれる。安倍の信頼するブレーンもまた、インテリジェンス情報に通じた杉田を官房副長官に推して決まった。

第二次安倍政権の発足と同時に、そこに就いた杉田は立場上、官房長官である菅の部下ではあるが、むしろ安倍に近いと見られてきた。横浜市会議員時代から菅と古い付き合いのある首相補佐官の和泉洋人が、官房長官だった菅の腹心として安倍政権で政策を進めてきたように、杉田も副長官でありながら、安倍のほうを向いて仕事をしてきたともいわれた。七年八カ月ものあいだ、安倍政権を支えてきた官邸官僚の中でも、今井と並び称される安倍側近の重鎮として、いっときは官房長官の菅の目付け役を担っていたとも取り沙汰された。それゆえ、政権が菅に禅譲されると、官邸を退くのではないか、とも目されたものである。

しかし、そうはならなかった。いまや杉田は菅政権の大黒柱として機能している。

「法は権力に都合良く運用される」

杉田の官房副長官任期は、安倍政権時代から数えて実に九年目に突入している。それほど長いあいだ務めてきた。官房副長官には国会議員から選ばれる政務担当と官僚出身の事務担当の二種類があり、政務担当の副長官は二人いるが、事務担当の副長官は一人だ。

事務担当の官房副長官は国家予算を預かる旧大蔵省（現財務省）の権限が大きすぎるため、そこに歯止めをかける意味で、官僚最上位のポストとして設けられたといわれる。霞が関の官僚の最高峰に位置付けられている。戦前の内務省系官庁である警察庁や旧自治省（現総務省）、旧厚生省（現厚労省）のエリートがその座に就く。それが永田町や霞が関の慣例となってきた。

杉田は官僚の頂点であるその官房副長官とともに内閣人事局長を兼ねる。文字どおり中央官庁の幹部人事を決め、霞が関を睥睨してきたといえる。

周知のように内閣人事局は、各省庁の部長以上とその候補六百八十人のキャリア官僚の人事を決定する。第二次安倍政権下の一四年五月に設置され、初代局長には政務担当の官房副長官だった加藤勝信が任命された。二代目が同じ政務担当副長官の萩生田光一、一七年八月に三代目として杉田が就任した。ある高級官僚が、杉田の置かれた立場について次のように解説してくれた。

「六百八十人もの幹部官僚の人事だから、政治家である加藤さんや萩生田さんに役所それぞれの事情が分かるはずもありません。必然的に内閣人事局ができた当初から、杉田さんが人事局を取り仕切ってきたといえます。局長になる前は立場上は幹部人事を決める権限がなかったが、一七年に正式に内閣人事局長となり、名実ともに霞が関の役人の生殺与奪《せいさつよだつ》権を握るようになったわけです」

従来、霞が関の幹部人事は各省庁の大臣に任命権が与えられてきた。特別公務員である学術会議のそれとは異なり、一般公務員であるため、大臣には職員を選ぶ過程における任命と否認の両方の権限が与えられてきた。もっとも国会議員は役所内の事情に疎《うと》い。そこで現実には事務方トップである事務次官が主要人事を起案し、大臣がそれを追認する形で省庁の幹部が構成されてきた。その仕組み自体は今も残っている。

ただし、内閣人事局が発足して以降は、実態がガラリと変わった。各省庁の事務次官がつくり、大臣の了承を得たあとの人事案が、内閣人事局長に伝えられる。そこから人事局長である官房副長官が官房長官と首相に報告し、最終的に内閣のツートップが人事判断をすることになっている。そこで大臣が認めていた人事案がひっくり返る。そんな事態がたびたび起きてきたのである。

内閣人事局で、幹部官僚の命運を握る話し合いが任免協議という制度だ。名称どおり、そこが職員の任免を検討する場となる。首相と官房長官が人事の是非を検討する会議である。そこには、首相、官房長官、官房副長官の三者以外誰も口を挟めない。仮に任命を拒否されても、大臣でさえ何が起きているのかわからないブラックボックスになってしまっているのである。

その人事は、これまで政治介入の許されなかった分野にもおよんだ。象徴的な例が、検察人事だ。二〇二〇年一月末、閣議決定により東京高検検事長の黒川弘務《くろかわひろむ》を定年延長させて検事総長に据えようとした検察人事は、記憶に新しいだろう。司法の独立に鑑《かんが》み、いくら官邸でも検察人事にはさすがに介入できないだろう、と思われてきた。

だが、そうではなかった。

〈国家行政組織法に基づく法務省設置法は、その第4条7号において、「検察に関すること」を法務省の所掌事務として定め、その第14条2項で、「検察庁については、検察庁法（これに基づく命令を含む。）の定めるところによる。」としています〉

検察庁のホームページにはそう記されている。ややわかりづらいが、法務検察という言葉があるように、検察庁は法務省に置かれた特別組織である。法務検察組織における最上位ポストは、最高検察庁の長官である検事総長に格付けられ、通常の霞が関の省庁のように法務省の事務次官がトップではない。

もっとも事務手続きは法務省に負うため、検察庁の幹部人事もまた、他の省庁と同じように法務省の事務次官が起案し、大臣の了解を得て内閣人事局に伝えることになっている。そこで法務省では、二〇二〇年八月に定年を迎える検事総長の稲田《いなだ》伸夫《のぶお》の後任として林《はやし》眞《ま》琴《こと》の人事案を内閣人事局に報告した。それが一九年十一月のことだ。

ところが、黒川を検事総長に据えたい官邸はそれを拒否した。内閣人事局による差し戻し人事である。検察首脳人事の迷走がそこから始まった。黒川は二月に高検検事長の定年である六十三歳の誕生日を迎え、検察庁を去らねばならなかった。そこで、官邸の捻《ひね》り出した奇策が、半年間の定年延長だった。閣議決定という禁じ手を使い、検察人事を操ろうとしたのである。

官房副長官と内閣人事局長を兼ねる杉田は、まさに官邸人事の中心人物だ。とりわけ内閣人事局長となって以降は、任免協議における決定権者の一人である菅と密着していった。そうしてあらゆる政府の人事に、強権を発動していくようになるのである。杉田は菅政権発足直後の日本学術会議の任命拒否、さらには文化功労者や勲章受章の選定にも介入してきた。

前述したように杉田は警察官僚の先輩である中曽根内閣の官房長官、後藤田のおかげで官邸に返り咲いた。後藤田は官邸のインテリジェンス強化に力を注いだ反面、こう言い残している。

「権力が暴走するとき、法は権力に都合良く運用される」

杉田はかつての恩人の至言を忘れてしまったかのように、強権を振るった。

逆らう奴はクビを切る

「あの佐伯の部屋はどういうことなんだ。いくら何でもひどすぎないか」

部屋の状況を送られてきたスマホの画像で知った今井尚哉は、すぐに官房長の多田明弘《ただあきひろ》に電話した。佐伯とは安倍首相時代の首相秘書官だった佐伯耕三のことである。

佐伯がとつぜん引っ越しを命じられた先は、経済産業省の十三階にある小さな会議室だった。壁際の長机の上にパソコンが置かれている。だが、椅子以外には何もない。暗くはないが、いかにも殺風景で殺伐《さつばつ》としている。段ボールで荷物を運び込んだ佐伯の部下は、思わず「まるで倉庫のようだ」と漏らした。

二〇二〇年九月十六日の菅義偉新内閣誕生に伴い、自民党の役員や閣僚の人事が矢継ぎ早に発表された。居抜き内閣と呼ばれ、閣僚や自民党幹部の顔ぶれが変わらない反面、注目されたのが、これまで安倍政権を支えてきた官邸官僚たちの処遇だ。

官房長官だった菅はこの二年近く、今井たち安倍の側近グループと溝を深めてきた。とりわけ安倍が最も信頼を寄せ、政策を委ねてきた今井をはじめ、広報担当補佐官の長谷川榮一や経産省経済産業政策局長の新原浩朗、事務秘書官の佐伯……。経産省出身の官邸官僚たちは菅政権が発足すると、どう処遇されるか。霞が関のみならず政官財界における最大の関心事がそこだった。

そのうちの一人である佐伯は内閣発足当日、大臣官房参事官兼グローバル産業室付となる。通称グロ産室は文字どおり世界的な産業育成を謳い、経産省の九階に置かれている。だが、佐伯はあくまで「室付」であり、指示されて向かった先が十三階の会議室だ。ある同僚官僚は、菅政権発足間もなく佐伯の引っ越し先を目撃し、こう同情した。

「経産省ではグロ産室の勤務そのものが閑職《かんしょく》に近く見られており、しかもその室付の佐伯は何もすることがない。さすがに勤務場所は会議室からは移るでしょうけど、まるで現代版座敷牢《ざしきろう》に閉じ込められているみたい。民主党政権時代に更迭された（経産省の）古賀茂明《こがしげあき》は一年以上個室に閉じ込められたけど、同じような空気を感じます。会議室にポツンと一人でいるだけでした。菅さん、ここまでやるか、と権力の恐ろしさをつくづく思います。おまけに佐伯は安倍政権で秘書官という特別職になり、そこから今度、古巣の経産省に転職してきた形になっています。したがって新規採用扱いで、給与面も人事院と協議して決めなければならない」

居抜き内閣の菅政権にあって、経産省出身の官邸官僚たちは、首相官邸からほぼ一掃《いっそう》された。安倍の意向により、リーダー格である今井だけは内閣参与として官邸に残ったが、文字どおり参与はあくまでアドバイザー的な存在にすぎず、政策を決めるような影響力はない。今井の場合、体のいい棚上げともいえた。

今井は二〇二一年に入り、参与のままキヤノングローバル戦略研究所の研究員や三菱重工顧問となるが、事実上、政界から離れた。また、佐伯はグロ産室から米国に派遣された。

「異を唱《とな》える官僚は異動させる」

自民党総裁選のさなか、菅はそう言い切った。つまるところそれは、〝逆らう奴はクビを切るぞ〟という恫喝に近い。

病気で無念の退陣を余儀なくされた首相に代わり、ナンバー2が政権運営を継承する。菅政権は、世間からそう美しく受け止められて船出した。マスコミ各社調査の六割を超える内閣支持率は、国民がまんまと政権禅譲のシナリオに乗せられた結果ともいえる。

菅政権を歓迎したのは一般大衆ばかりではない。政権発足当初、これまで今井たち安倍側近グループにいいように操られてきた霞が関の役人からも、風通しがよくなった、という声を耳にした。

だが、そんな国民や官僚たちの期待もすぐに消し飛んでしまう。これまでナンバー2として評価の高かった菅は、トップに立つとすぐに馬脚をあらわした。あげく本人の政治家としての資質そのものを疑われるようにもなる。

政治手法は変わらない

突如、生まれた菅政権は、安倍政権とどこがどう変わったのか。

安倍一強の実態は、取り巻き官僚たちによる官邸官僚主導だったと前に書いた。これまで安倍に仕えてきた側用人の佐伯前首相秘書官たち経産省出身の官邸官僚が一掃されるなか、新原浩朗だけは唯一、新政権でも経済産業政策局長として経産省に残り、政府の重要政策を担ってきた。

事務次官を目指す産政局長として一九年七月の人事で安藤久佳と次官を争った。新原には今井、安藤には事務次官の嶋田隆という後ろ盾が就き、最終的に安藤が事務次官を射止めた。嶋田のさらに後ろにいる菅が安藤次官で押し切ったとも囁かれたが、実は新原は菅とも関係が近い。その理由の一つは、菅がコロナ対策で進めたＧｏＴｏキャンペーンに欠かせないからだという。ＧｏＴｏイートにかかわっている外食業者がこう解説してくれた。

「もともと経産省が一手に引き受けていたＧｏＴｏキャンペーンでは、ＧｏＴｏイートが農水省の所管になり、ＧｏＴｏイベントとＧｏＴｏ商店街を経産省が担当することになりました。新原さんは経産省における外食産業の窓口担当でもあったので、イートにも携わってきました。もともとＧｏＴｏをやりたくて仕方がない菅さんと新原さんの利害が一致した結果、新政権がそのまま新原さんを重宝に使っているのだと思います」

「新原は菅政権になってからも頑張っていますよ」

今井は今でも安倍と会うとそう報告しているという。安倍にとって新原は、菅政権とのパイプ役の意味があるのかもしれない。一九年九月の誕生日を迎えて六十歳となり、とうに定年を過ぎているが、現在も官邸でコロナの景気対策を担っている。菅には今井や佐伯たちに対する怨念めいた感情がうかがえるが、新原だけは必要だと考えているのだろう。

政権が変わったとはいえ、菅は自らに近い官僚に頼り、政策を遂行させている。根っこの政治手法は変わらない。経産省時代の今井の先輩である長谷川は、長らく広報担当の首相補佐官を務めてきた。菅はその長谷川に代え、内閣広報官に総務官僚だった山田《やまだ》真貴子《まきこ》を起用した。彼女は菅お気に入りの女性官僚として知られていた。

山田は第二次安倍政権発足当初、女性として初めて首相の事務秘書官に抜擢された。それを強く推したのが、官房長官時代の菅だった。ただし、いざ官邸に入ると、ことあるごとに今井からダメ出しをされてしまう。あげくにノイローゼ気味になり、官邸を去る羽目になった。すると菅は、総務省に出戻った彼女を情報流通行政局長に据える。彼女はこの局長時代、東北新社の接待を受けてのちに問題になるのだが、それは後述する。

菅は自らの内閣を発足させると、再び彼女を官邸に呼び戻した。内閣広報官に任命し、総理の記者会見を取り仕切らせてきた。

安倍政権時代から続く官邸官僚たちは、みなエリート官僚に違いないが、彼らは古巣の官庁でトップになり損ねた、いわば逸れ官僚でもある。そのうち新政権では、首相の威を借りて政策を進めてきた今井たち経産官僚グループが駆逐《くちく》された。残る官邸官僚たちで、今井のように総理の分身と呼ばれそうなのが、和泉洋人だと目される。菅の政策を支えてきた側近中の側近である。

コネクティングカップルの復活

和泉は安倍政権時代から内閣官房の健康・医療戦略室長として、感染症研究を謳う加計学園の獣医学部新設を後押ししてきた。元号が令和に改まり、コロナ禍で安倍vs.菅のすきま風が吹くようになると、和泉のおかれた政権内の環境も変化した。

小泉進次郎の結婚報告で決定的になった安倍側近グループと菅の対立のなか、和泉は厚労省の医系技官、大坪寛子との密会スキャンダルに塗《まみ》れた。彼女は和泉に見出され、内閣官房審議官・戦略室次長という異例の出世を遂げ、和泉はコロナの感染症対策を任せた。

二〇二〇年が明けて間もなく、中国発の新型コロナウイルスが日本に上陸した。最初に大きなクラスターが起きたのが、大型クルーズ船「ダイヤモンド・プリンセス」だ。和泉は大坪にコロナウイルスを船内に封じ込めるよう対策を委ねた。だが、未知のウイルスに右往左往するばかりで、船内の乗客にコロナが広がり、失態が相次いだ。すると前年に報じられた和泉との男女問題が蒸し返され、彼女に対する世間の怒りが増幅されていった。

「君はもういい、下がれ」

首相の執務室で安倍にクルーズ船の感染状況を報告しようとした大坪に対し、政務秘書官の今井が突き放す場面まであった。挙句、和泉と大坪の二人は、〝上役〟である菅とともに、コロナ対策から外されていった。和泉は夏の人事で補佐官から退くのではないかと囁かれ、大坪は健康・医療戦略室の次長と内閣官房審議官の任を解かれ、厚労省に戻った。

ところが、菅政権誕生の流れができると、和泉、大坪のコネクティングカップルもまた、そこに乗って復権する。安倍側近グループが失墜するなか、やがて和泉は、「ワクチン」「アビガン」「PCR検査」というコロナウイルス対策三点セットの政策を差配するようになる。厚労省のある官僚に聞くと、二〇年の七月以降、厚労省の担当官僚たちが毎日のように資料を抱え〝和泉詣《もう》で〟を繰り返してきたという。まずはコロナの感染状況を和泉に報告しなければならない、と首相補佐官室に日参した。

厚労官僚たちはそれを「御前報告」と揶揄《やゆ》した。安倍政権末期には日々の首相ブリーフィングと同じくらいの回数におよんだ。まるで菅政権誕生に向けてレールが敷かれ、菅グループの官邸官僚たちが、今井たちにとって代わっていったように見えたという。

実際、新政権ができると、和泉は今井と同じく首相補佐官と政務秘書官を兼務するのではないか、とも噂された。さすがに今井の独善的なイメージと重なるのを避けたのか、菅は和泉を政務秘書官に置かず、菅事務所の秘書である若い新田章文が任ぜられた。したがって和泉自身は首相補佐官のまま横滑りの再任となった。もっとも新田では他の事務秘書官を束ねられない。必然的に和泉の存在感が増した。

ちなみに六月十九日に開かれた「健康・医療戦略推進専門調査会」では、室長の和泉が会議を取り仕切り、ちゃっかり大坪も、厚労省大臣官房審議官としてコロナ対策に復帰している。大坪は八月の定期異動で、厚労省子ども家庭局のナンバー2である審議官に横滑りしたが、そこもまた重要ポストだ。

一見目立たない部署に思える子ども家庭局は、菅が自民党総裁選のときにとつぜん少子化対策として掲げた「不妊治療の保険適用」を担う。首相の肝煎《きもい》り政策だ。和泉と同じように彼女もまた、間もなく政権中枢に舞い戻った。

菅の牙城を守る官邸ポリス

菅にとっての強みは、やはり霞が関の幹部人事を決定する内閣人事局にある。最終的な人事権は内閣総理大臣にあるが、事実上、ここは官房長官として安倍政権時代から菅の牙城といえた。

そして官房副長官の杉田和博もまた、新政権における重要なポジションにある。官邸において各省庁の人事案を最初に知り、その人選について検討するのが、官房副長官兼内閣人事局長の杉田だ。東京高検検事長人事で二〇二〇年十一月、法務省の人事案が差し戻された一連の動きは、菅と杉田が主導し、実働部隊として法務事務次官の辻裕教《つじひろゆき》が動いた。そこに北村が加わって定年延長を画策してきたのは間違いない。

菅内閣が発足すると、官房副長官の杉田と国家安全保障局長の北村は、どちらも再任された。二人は警察庁時代から外事・公安畑を歩んできた師弟コンビだが、菅との距離感でいえば、やや温度差がある。北村は菅内閣発足からおよそ一年後の七月、国家安全保障局長を辞任した。表向き、股関節《こかんせつ》の手術のための退任だが、北村自身の菅政権に対する失望も見え隠れした。

一方、菅がグリップしてきたといわれる官僚操縦に杉田は欠かせない。というより、官僚事情に疎い菅に代わり、杉田が知恵を授けてきたといっていい。警察庁出身の官邸官僚たちを「官邸ポリス」と呼ぶムキもあるが、言い得て妙だ。杉田は安倍政権時代から公安警察ならではの情報を操り、官邸を守ってきた。杉田の人事介入は、幹部官僚にとどまらない。先の学術会議のメンバー選びからのちに詳述する文化功労者選び、ＮＨＫの役員人事にいたるまで、大きな影を落としてきた。

そして新たな菅内閣でも、和泉、杉田という二人の大物官邸官僚が両輪となり、政権を支えている。しかし、新政権は安倍時代よりもっと危うい。

菅義偉は首相就任早々、「縦割り行政」「既得権益」「悪しき前例主義」という三つの打破を提唱し、これまで以上に規制緩和を進めると力説した。いずれも非常に耳に心地のよいスローガンではある。時代遅れの行政の規制を取っ払い、弊害《へいがい》を正すことには誰も反対しないだろう。だが、しょせん過去幾度も謳われてきたスローガンに過ぎず、それだけのことだ。

菅政権では、珍しい秘書官人事がおこなわれた。首相に付く六人の事務秘書官のうち、財務、外務、経産、警察各省庁出身の官房長官秘書官を、そのまま首相秘書官に持ちあげているのである。彼らの多くは通常の首相秘書官からすると、年次にして四～五年若いが、この人事は「悪しき前例の打破」でも何でもなく、菅個人の好みの色が濃い。ある高級官僚の感想は、かなり手厳しい。

「秘書官の中でも、たとえば財務省の大沢元一は決して菅さんに異議を唱えない。それでいて問題が発生しそうになると、『局長に説明させます』と逃げを打つ。また経産省の門松貴は菅さんの経産政務官時代から仕え、毎朝の官邸内散歩に付き合う〝精神安定剤〟と呼ばれています。今回、ただ一人、厚労省の岡本利久《おかもととしひさ》だけは首相秘書官から外された。それはコロナ対策で菅さんに意見してしまったから」

首相秘書官人事については、各省庁から「単に菅に忠実なイエスマンを起用しただけだ」との評判が聞こえてくる。従来の首相秘書官は、局長一歩手前のエリート官僚が任命されてきた。首相が外遊した場合、相手国の元首の秘書官と接する。そんな外交上のカウンターパートとの釣り合いもあり、首相秘書官にはそれなりの格付けが必要でもあったが、そこはあまり念頭にないようだ。

実務派の首相と持ちあげられる菅は、細かい政策をアピールする。それらは特段目新しくもない。なによりそこから大きなビジョンが見えてこない。たとえば先の少子化対策とした不妊治療の保険適用もそうだ。ある厚労省の官僚はこう指摘する。

「国会議員には親族が不妊治療を受診しているケースもあって、この（二〇二〇年）六月に甘利明さんや野田聖子さんたちが議員連盟を立ち上げ、健康保険適用の要望書を菅官房長官のところに届けています。それで菅さんはこれを言い出したのではないでしょうか。ただし、すでに不妊治療には一回目に三十万円、二回目以降十五万円の助成制度があり、それを拡充すればいい。なにより保険適用が少子化の歯止めになるとは思えません」

本来、新たな首相が就任すれば、これから日本の国民をどのように導くのか、まずはその基本構想を訴える必要がある。だが、新宰相には肝心の国家観を感じない。それでいて、官邸官僚や有識者から仕入れた、いかにも国民受けしそうなキャッチーな政策を掲げ、「やっている感」を醸し出す。なにしろ目玉政策がデジタル庁なのである。

「デジタル庁は響きがいいけど、日本語でいえば電子情報処理庁ですよね。わざわざそのために役所をつくる必要があるのでしょうか」

そう辛辣にとらえる政府関係者は少なくない。なかには「菅政権は安倍という見た目のいい蓋《ふた》の外れたガラクタ箱のようなもの」とまで言う。それでいて、首相は自らが掲げる政策に異を唱える者のクビを容赦《ようしゃ》なく切る。そんな恐怖政治の暴走が、加速しているように見える。

第五章 菅政権を操るブレーンたち

菅首相が政策の師と仰ぐ竹中平蔵。きっかけは小泉政権の竹中総務大臣の下、副大臣に就いたことだという。いまも菅のブレーンである。（写真提供：共同通信）

政策の師「竹中平蔵」の写し鏡

たたき上げの実務派政治家と称し、六五％という高い内閣支持率を得て船出した菅義偉は、どのようにして政治を志すようになり、国会議員となってから何をやってきたのか。そのあたりの実像は、首相に就任するまでほとんど知られていなかったのではないだろうか。二〇二〇年九月の自民党総裁選のときに目指す社会像と称して自ら掲げた「自助、共助、公助、そして絆《きずな》」のうち、とりわけ自助は競争原理を唱える新自由主義に映る。政界で競争に勝ち残ってきた自負から、そう発想しているとも指摘される。だが、実のところ、当人に市場競争経済への思い入れや拘泥《こうでい》があるようには見えない。

庶民派の実務型政治家か、それとも格差社会を広げる新自由主義者か。菅について、好意的な者は前者のように持ちあげ、反感を抱く者は後者だと批判する。もっとも私は、どちらでもない気がしている。

「菅さんは自らのブレーンが提案する政策にパクッと食らいつき、それをそのまま実行しているだけです。だから細かい政策の話が多く、何がやりたいのか、ビジョンが明らかでない。一つ一つの政策に対するこだわりや深い考えを感じたこともありません」

ある高級官僚はそう評した。たとえば庶民派に見えるのは、携帯料金の値下げなど生活に直結し、利用者の損得勘定を操《くすぐ》る政策をぶち上げるからであろう。ただし、その政策は業者の受け売りにすぎない。たとえば携帯電話料金の引き下げは、楽天の三木谷《みきたに》浩史《ひろし》の訴えに乗っかっている。それは、誰もが想像するところだろう。政治家としての姿をひと言であらわすとすれば、古典的な利益誘導族議員タイプとなるだろうか。それが取材を通じて感じた菅の実像である。

もともと菅は永田町でさほど知られた政治家ではなかった。表舞台の政治で活躍を始めてから二十年に満たない。実際に多くの国民に知られるようになったのは、官房長官になって以降だろう。

菅は自民党運輸族の大物である小此木《おこのぎ》彦三郎《ひこさぶろう》の秘書から横浜市議を経て、一九九六年十月の総選挙に出馬して初当選した。当人にとっては小選挙区・比例代表選挙制度が導入され、運がよかったといえる。中選挙区制時代の九三年、小此木の三男である八郎が横浜市中区を中心とする定員四人の神奈川一区で初当選し、父親の地盤を引き継いだ。小選挙区制になり、八郎は鶴見・神奈川区の三区から出馬することに決まった。そこで菅は、西区の二区から出馬した。言ってみれば自民党の候補者が足りず、これといった有力候補者がいなかったため、最大派閥の小渕（恵三）派が西区選出の市議だった菅に声をかけたわけだ。

菅は初当選したあと一回生議員として小渕派に所属し、派閥を率いた竹下登《たけしたのぼる》の六奉行といわれた梶山静六に師事した。梶山は旧国鉄の年金債務をＪＲ各社に負担させようとした政府自民党案に反対し、小此木八郎や菅など若手議員もそこへ同調した。ＪＲ東日本に与《くみ》した菅は、そこからＪＲ東日本の覚えがめでたくなる。

自民党内で菅は小渕派や加藤派を渡り歩いてきた。そのあいだ、梶山を自民党総裁選に担いだり、加藤紘一《かとうこういち》の乱に同調したり、と非主流派の道を歩んだ。そのことを指して反骨精神のあらわれであるかのように礼賛する政治評論家もいるが、一般には影が薄い。国会議員としてさほど活躍の場がなかった。

国土交通省や経産省の政務官を務め、湾岸アクアラインの高速道路料金の引き下げなどを提唱したというが、政策的に胸を張るほどのさしたる実績ともいえない。永田町で菅の存在が多少意識されるようになったのは、〇五年十一月に小泉純一郎政権で総務副大臣に就いてからだろう。このときの大臣が竹中平蔵だった。

「竹中さんとは、いつもここでお会いしているのですよ。今も変わらず、頻繁にお目にかかって相談しています」

二〇一五年六月、私が永田町のザ・キャピトルホテル東急のレストラン「ＯＲＩＧＡＭＩ」の個室で初めて取材したとき、官房長官だった菅はそう笑った。奇しくもホテルで私の前に会談していてすれ違った相手が竹中だった。菅と竹中は小泉政権で出会った。以来、竹中は経済政策の理念を授け、菅が従ってきた。つまるところ菅自身の新自由主義者の顔は、鏡に映った竹中のそれだといえる。

売り出した経緯

竹中は菅との出会いについて、ノンフィクション作家の塩田潮《しおたうしお》のインタビューにこう答えている。

「小泉内閣時代、たたかれていた私を応援してくださる五～六人の政治家の会があり、菅さんはその中にいた。副大臣の座は、総務相の私の指名ではなく、首相官邸から『菅さんでどうですか』と聞かれて、『大歓迎です』と申し上げた」（「サンデー毎日」二〇二〇年十月四日号）

菅は〇五年十一月、小泉純一郎政権で総務副大臣を拝命する。このとき郵政民営化を担い、麻生太郎に代わって新たに総務大臣に就いたのが竹中である。小泉政権の郵政民営化を通じて二人が上司と部下の関係になり、その師弟関係が現在も続いている。

もっとも、菅が総務副大臣に起用されたのは、竹中が語るような綺麗な話ばかりではない。もっと泥臭い裏話もある。元総務省自治税務局長の平嶋彰英《ひらしまあきひで》が、二人の関係について次のように打ち明けてくれた。

「郵政民営化を巡っては、総務省内に反発がありました。当時の政策統括官と審議官が裏で民営化をとめようとしているのではないか、という噂まであった。それを聞きつけた小泉さんが、統括官と審議官の二人を飛ばす大事件が起きたんです」

郵政民営化については総務官僚だけでなく、自民党国会議員のあいだでも意見が二分された。慎重派の一人と目されたのが、竹中の前の総務大臣だった麻生だ。平嶋が続ける。

「小泉さんにしたら、麻生さんがそのまま総務大臣をやっていたのでは、郵政官僚の巻き返しに負けちゃうかもしれない、と心配したのでしょうね。（民営化に乗り気でない）麻生総務大臣を見て、竹中さんが小泉さんにそう囁いたともいわれていました。それで小泉さんは麻生総務大臣を外務大臣に横滑りさせ、後任大臣として竹中さんを選んだ。僕らから見たら、麻生さんの人事も二人の総務官僚と同じように飛ばされた感がありましたね」

そうして総務大臣になった竹中が、副大臣に菅を指名したのだという。

「菅さんが副大臣になれたきっかけは、郵政民営化に関する自民党部会だと思います。それは菅さんが自分で言っていましたから間違いないでしょう。『部会は郵政シンパの議員が多いので、反対論ばっかり出る。それで、反対ばかりではおかしいだろ、と俺が発言したんだ。そうしたら、次の郵政部会から、菅さん来てくれと（竹中に）頼まれるようになったんだ』と言っていました」

さらに平嶋が言葉を足す。

「そして、竹中さんが小泉さんから『誰を総務副大臣にすればいいか』と問われた。そこで竹中さんが菅さんを推薦したのだと思います。それ以来、菅さんはずっと竹中さんに対する恩義を忘れてないのでしょう」

小泉政権時代の看板政策だった郵政民営化を竹中総務大臣、菅副大臣のコンビで推進し、竹中・菅のラインはここから固く結ばれた。かたやこれ以来、麻生と竹中は犬猿の仲となり、必然的に麻生は菅とも距離ができた。

総務大臣の竹中は郵政民営化だけでなく、菅に放送と通信の融合政策を授け、ＮＨＫ改革などを任せた。今にいたる放送事業やＮＨＫ改革の原点もまた、もとはといえば竹中から託された政策だ。と同時に、それまで大して実績のなかった菅が、永田町や霞が関で徐々に認められるようになる。

一方、竹中の進める新自由主義による格差批判が起こり、菅は第一次安倍政権の発足した〇六年九月、竹中の後任として総務大臣兼郵政民営化担当大臣に選ばれる。竹中批判をかわすため、菅が大臣に昇進した格好だ。地方分権改革担当大臣も兼務した。先の平嶋が言葉を加える。

「あの頃、山本有二さんたちが安倍さんを総理にしようとする再チャレンジ支援議員連盟が立ちあがり、そこに菅さんも有力メンバーとして加わっていました。安倍内閣が実現し、山本さんは金融担当大臣になった。で、山本さんが安倍さんに『菅も何とかしてやってほしい』と頼んだそうです。ところが蓋を開けると菅さんが総務大臣。山本さんは逆に『なんで俺が金融担当で、菅が総務大臣なんだ。俺がなりたかったよ』と愚痴っていたけど、菅総務大臣が実現したのは、やはり竹中さんのおかげでしょうね」

第一次安倍政権は小泉政権の〝継承〟を義務付けられた。郵政民営化を完成させるためには、竹中・菅ラインしかないという結論にいたったのだという。

菅は庶民宰相でも新自由主義者でもない。政界における菅の出発点は運輸族議員の小此木彦三郎事務所時代であり、秘書として支援者の陳情《ちんじょう》を裁いてきた。政治スタイルはそこからさして変わっていない。業界や企業の願いを聞き入れ、それを政策にして実践する。利益誘導型の古い政治家を国政で表舞台に引き上げたのが、竹中平蔵である。

菅・竹中ラインの政策

竹中はもともと小泉純一郎政権時代、首相の諮問《しもん》機関「経済財政諮問会議」議長でオリックス会長の宮内義彦《みやうちよしひこ》とともに、郵政民営化やＩＴ改革に取り組み、規制緩和政策を推し進めてきた。これが格差社会を生む新自由主義だと非難され、民主党の鳩山由紀夫《はとやまゆきお》が政権を握ると、政策が見直された。鳩山内閣は新たに国家戦略室を設置し、小泉時代の経済財政諮問会議は、事実上活動を停止する。

そこから二〇一二年十二月、第二次安倍政権の誕生により、経済財政諮問会議が復活する。官房長官に就いた菅は、経済財政諮問会議に竹中の起用を提案した。だが、それに財務大臣兼副総理の麻生太郎が異を唱えた。

結果、安倍は新たに産業競争力会議という有識者会議を設置し、そこに竹中を委員として起用した。安倍が菅に配慮した形だ。ちなみに楽天の三木谷もまた、当初、産業競争力会議の民間委員として加わった。そこで医薬品のネット販売をぶち上げたが、とん挫する。

産業競争力会議は経済財政諮問会議より格下だが、安倍政権の経済政策としては、むしろこっちの主張が目立つようになる。それは菅・竹中の連携によるところが大きい。「働き方改革」と名付けた労働の自由化をはじめ、空港や水道の民営化をぶち上げていった。それらは菅と竹中がタッグを組んで進めようとした政策にほかならない。

現在、東洋大学国際地域学部教授、グローバル・イノベーション学研究センター長の肩書を持つ竹中は、人材ビジネス大手「パソナグループ」の取締役会長であり、金融コングロマリット「オリックス」や「ＳＢＩホールディングス」の社外取締役でもある。人材派遣会社の会長が、残業代タダ法案と酷評されたホワイトカラーエグゼンプションや派遣労働の枠を広げ、今なおデジタル庁構想を後押ししている。デジタル庁構想の基幹政策であるマイナンバーカードの普及はパソナの事業でもある。

なお、パソナは通訳や秘書の派遣をはじめ、東京五輪関連の仕事も数多く請《う》け負ってきた。まさか菅がそのために五輪開催にこだわってきたわけではないだろうが、パソナに大きな利益を落としてきたのはたしかだ。

また竹中が社外取締役となったオリックスは一五年、空港民営化事業に進出した。国や地方自治体が施設を所有したまま、利用料金を徴収する「コンセッション方式」なる新たな民営化事業で、その第一号空港が関空だ。

そのコンセッション方式を授けた経営コンサルタントの福田隆之《ふくだたかゆき》は、竹中の知恵袋であり、二〇一九年まで菅官房長官補佐官を務めてきた。空港を手掛けたあと コンセッション方式による水道の民営化を進めようとしたが、仏業者との蜜月関係を指摘する怪文書騒動が起きて、官房長官補佐官を追われる。

福田はその後、竹中がセンター長を務める東洋大のグローバル・イノベーション研究センターに客員研究員として招かれ、今も竹中のブレーンとして奔走していると聞く。

産業競争力会議は安倍前政権の途中、未来投資会議と名称を改めるが、実態は変わらない。菅自身は自らの政権をスタートすると、その未来投資会議を「成長戦略会議」と改め、ここに竹中をはじめとした経済ブレーンを据えた。インバウンド政策を提唱したとされるデービッド・アトキンソンも、この成長戦略会議に加わっている。

ちなみに成長戦略会議の議長には官房長官の加藤勝信、副議長に西村康稔と経産大臣の梶山弘志《かじやまひろし》が就いている。菅政権ではここにブレーンたちが集結し、規制緩和という名の利益誘導政策を授けている。

ふるさと納税の「授け親」高橋洋一

菅は自らが考案した代表的な政策として、しばしばふるさと納税をあげてきた。もはやその自慢を聞き飽《あ》きたという人も少なくないだろうが、一方で、ふるさと納税には高額返礼品や金持ち優遇との批判も巻き起こった。しかし当人はどこ吹く風で、首相の座に就いてからもなお怪気炎をこうあげ続けている。

「近い将来、年間（寄付総額）一兆円を目指す」

ふるさと納税は第一次安倍晋三政権時代の二〇〇七年六月、総務大臣の菅が「地方創生」の旗印を掲げて打ち出した。都市部の住民が地方自治体へ寄付してふるさとを応援する、と謳っている。もっとも、謳い文句それ自体が怪しい。そもそもふるさと納税は納税と言いながら、寄付制度である。

ふるさと納税をすれば、二千円の負担だけで高額な返礼品をもらえる。まるで高級なカニや牛肉を二千円で買うネット通販のような感覚で、ブームになった。ひと頃、人気になった返礼品が、高級家電や新作のゴルフ用品だ。たとえば十万円を寄付し、それとほぼ同じ価値の最新ドライバーが返礼品としてついてきた。そのあと九万八千円が戻される仕組みだから、二千円で十万円相当のドライバーを手にすることができたのである。

地方のためといいながら、最も利益を受けるのは東京のゴルファーであり、地元にとって多少のリゾート振興になる程度でしかない。さすがに今は高額返礼品に規制がかかっているが、地方活性化を謳いながら、政策をよくよく見ると、制度そのものが富裕層に有利な税対策になっている。ふるさと納税に金持ち優遇批判が絶えない所以だ。

おまけに政策自慢を繰り返す割に、当人が独自に編み出した政策ではない。元をたどれば、ふるさと納税制度は福井県知事の西川一誠《にしかわいっせい》による発案で、そこに総務大臣として初入閣した菅が飛びついたわけだ。しかも、実は西川の直伝でもない。

「菅さんにふるさと納税を授けたのは、元財務官僚の高橋洋一《たかはしよういち》さんでしょう。全国自治会で西川さんがふるさと納税について発言し、西川さん本人が〇六年に日経新聞のコラム『経済教室』に書いた。それを見つけた高橋さんが菅さんに提案したはずです」

菅のふるさと納税導入の舞台裏をそう打ち明けるのは、元総務官僚の平嶋だ。

「菅さんが竹中さんから総務大臣を引き継いだとき『これからは高橋君の言うことを聞いたらいいよ』とアドバイスされたと聞きました。実際、高橋さん自身、『私がふるさと納税を菅大臣に進言した』と言っていました」

竹中は菅が政策の師と仰ぐ文字どおりのブレーンだが、その竹中が頼りにしているのが、元財務官僚の高橋なのだという。ある財務官僚が解説する。

「世間では竹中さんを政策通だと見ているようですが、実際には説明がうまいだけで、さほど政策に詳しいわけではありません。竹中さんは高橋さんを理論的な支柱にし、具体的な政策はコンサルタントの福田隆之さんに調べさせ政策設計をさせてきた。どれも竹中、高橋ラインの新自由主義的な政策です。だから、ふるさと納税が金持ち優遇になるのは、ある意味、あたり前なのでしょう」

嘉悦大学教授の高橋は二〇年の菅内閣発足に伴い、内閣官房参与として政権に加わったブレーンの一人でもある。コロナ禍の東京五輪の開催を巡り、「日本はこの程度の『さざ波』。これで五輪中止とかいうと笑笑」とツイートし、ウエブ上で炎上したのは記憶に新しいところだろう。当人は東京五輪の開催に必死な菅の姿を見て、つい援護射撃をしたくなったのかもしれない。

高橋は東京都立小石川高校から東大理学部に進んで七八年に卒業したのち、経済学部に再入学し、八〇年に二度目の東大卒業を果たして旧大蔵省入りする。この間、旧文部省の統計数理研究所の非常勤研究員として働いた経験もある。

大蔵省の八〇年同期入省組には、国民民主党代議士の岸本周平《きしもとしゅうへい》や自民党の後藤茂之《ごとうしげゆき》、元財務事務次官の佐藤慎一《さとうしんいち》や元金融庁長官の森信親《もりのぶちか》などがいる。省内でも頭脳の明晰《めいせき》ぶりは知られたところだ。

もっとも官僚時代の高橋は次官レースに乗るほどの出世は見込めず、むしろ不遇といえた。大蔵省では、理財局資金企画室長を経てプリンストン大学客員研究員となる。

本人にとっての分岐点は、〇一年の小泉純一郎内閣誕生だろう。経済財政政策担当大臣に起用された竹中の補佐官となり、これ以来、二人は関係を深めていく。〇六年の第一次安倍政権発足時に内閣参事官となり、官邸入りした。高橋は千葉商科大大学院政策研究課程に通い、第一次安倍政権が一年で終わりを告げると、〇八年三月に内閣参事官を退任して霞が関を去る。前述したように、この間、ふるさと納税を菅に進言している。

ふるさと納税の女王「須永珠代」

ふるさと納税は高橋のアドバイスに従い、菅総務大臣が「ふるさと納税研究会」なる有識者会議を立ち上げたところから始まった。研究会は高橋の通った千葉商科大学学長の島《しま》田晴雄《だはるお》が座長に就き、十人の有識者で構成された。そこには当然のごとく福井県知事の西川も加わっている。

もっとも初めは菅自身、ふるさと納税がこれほど自慢できる政策になるとは考えてもみなかったに違いない。ちなみに菅が総務省で研究会を立ち上げる一年前、〇六年九月の自民党総裁選には、谷垣禎一が「ふるさと共同税」と命名して似たような政策を提唱し、ほとんど注目されないまま立ち消えになっていた。ふるさと納税はその二番煎《せん》じの政策でもあったわけである。

事実、ふるさと納税はしばらくさっぱり振るわなかった。スタートした〇八年度の寄付はわずか五万四千件、金額にして八十一億四千万円しかない。皮肉にも寄付が増え始めたきっかけが、東日本大震災の二〇一一年だ。震災復興支援の地元産品に人気が出て、そこに便乗した全国の自治体が高額返礼品をＰＲし始めた。

それを見て起業した女性がいる。「トラストバンク」社長（現会長）として、ポータルサイト「ふるさとチョイス」を運営してきた須永珠代《すながたまよ》だ。菅が頼りにしてきた女性ベンチャー経営者であり、ふるさと納税ブームを巻き起こした立役者にほかならない。ふるさと納税の女王との異名をとる。

須永は大学を卒業後、アルバイトや派遣社員として会社を転々とし、ＩＴベンチャー企業でサイト立ち上げ事業に携わったあとに三十八歳で独立する。一二年四月、サイトの運営会社トラストバンクを設立し、九月にふるさとチョイスを開設した。奇しくも第二次安倍政権の誕生前夜である。ふるさとチョイスを始めた須永は、全国の自治体に売り込んで寄付額を飛躍的に伸ばし、日本中にブームを巻き起こしていった。その彼女の成功の裏には、運もあった。ふるさと納税の制度が大きく変わったのである。

制度変更の初めは寄付に対する自己負担分だ。一一年以降、五千円から二千円に引き下げられた。これにより、仮にふるさと納税で一万円を寄付し高級和牛の返礼品をゲットすれば、そのあと八千円が戻ってくるようになった。むろん民主党時代の政策変更であり、官僚の言い分を受けつけなかった民主党だったから起きた変化かもしれない。だが、彼女にとってはそれまで五千円だった自己負担が二千円（控除額）になった引き下げ効果が、ことのほか大きくものをいったといえる。

そして、須永がふるさとチョイスを開設してから三カ月後の一二年十二月、第二次安倍晋三政権が発足する。官房長官に就任した菅は再びふるさと納税に力を入れた。須永は菅の政策において欠かせない役割を果たした。ある自治体の担当者はこう話す。

「ふるさと納税は須永珠代がいればこそ、あそこまで大きくなったといえます。それまで自治体の口コミでしか広がりがなかったが、ふるさとチョイスの登場により、サイトに載せれば寄付が集まるようになったのです」

さらに続けた。

「菅官房長官も彼女にぞっこんで、総務省の有識者会議にも彼女を入れました。会議は彼女がいなければ成り立ちませんでした。ふるさとチョイスの扱い量はピーク時のシェアで全体の七〜八割に達し、どこの自治体も彼女に取り入ってサイトのいい場所に自分のところの品物を載せてもらおうと、須永詣でを繰り返してきました」

ふるさと納税がネット通販扱いされるようになったのもここからだ。二〇一二年度の十二万二千件、百四億一千万円という寄付が、ふるさとチョイスの開設された翌一三年度には、前年比三・五倍の四十二万七千件、寄付金額にして百四十五億六千万円に急増する。

「ふるさとチョイスでは毎年秋、東京ビッグサイトやパシフィコ横浜で大感謝祭というイベントを主催してきました。そこには百を超える自治体がブースを設置し、地元の名産をPRします。それは言ってみれば、須永さんに対する機嫌取りみたいなものです。菅官房長官も毎年、イベントに駆け付けて挨拶をしてきました。二〇年はコロナのせいで中止になったけど、代わりにオンラインでやっていました」（同前・自治体の担当者）

官房長官肝煎りのふるさと納税は当初、寄付金の上限が個人住民税の一割までとされていたが、一六年度から倍の二割に引き上げられた。また面倒な確定申告をなくし「ワンストップ特例制度」も創設された。

そうしてふるさと納税は件数、寄付額ともさらに急カーブを描いて膨らんでいった。二〇一八年度の寄付は二千三百二十二万四千件で、五千百二十七億一千万円にのぼった。制度開始初年度に比べて実に六十三倍の寄付総額という急成長ぶりである。

だが、ふるさと納税はしょせん、金持ち優遇批判が絶えない欠陥税制である。寄付金の上限が所得税や住民税の多寡《たか》によって決まるため、収入の多い人ほどたくさん寄付できる。二千円の自己負担だけで、もの凄い返礼品をもらえる仕組みだ。

あまりに高額返礼品競争が過熱し、総務省が三年ほど前から品物について寄付金額の三割までに規制したのは周知の通りだが、それでも富裕層にとってはかなりありがたい制度といえる。たとえば年収一億円の大金持ちが百万円を寄付し、返礼品として三十万円相当の高級和牛を大量に手に入れる。すると、自己負担分の二千円を差し引いた九十八万八千円が戻って来る。つまり、二千円で三十万円の牛肉をネットで買うような感覚になるのは以前と変わりない。

むろんその恩恵は金持ちの寄付者ばかりではない。ふるさとチョイスをはじめとしたサイト業者には、年間四百億円以上の手数料が入ってきた。三年前の総務省による規制は、過熱したブームを少しだけ冷ました。一九年度の寄付が二千三百三十三万六千件、四千八百七十五億四千万円といったんブレーキがかかった。が、二〇年度になると、コロナの巣ごもりネット利用のおかげで過去最高となる六千億円の寄付総額にまで伸びた。

ふるさと納税の女王は二〇年に入ってトラストバンク株を手放し、社長から会長に退いて悠々《ゆうゆう》自適に暮らしているという。まさしく富裕層とネット業者のための新自由主義政策が、ふるさと納税にほかならない。

逆らうと平嶋のような目に……

その日の内閣官房長官執務室は、いつにも増して淀《よど》んだ空気が流れていた。菅の待つ部屋に、総務省自治税務局長の平嶋彰英が入る。平嶋のおともで入室した総務省市町村税課長の川窪俊広《かわくぼとしひろ》はもとより、同席した官房長官秘書官の矢野康治《やのこうじ》（現財務事務次官）や内閣官房内閣審議官の黒田武一郎《くろだぶいちろう》（現総務事務次官）らは、二人の会話に口を挟むこともできず、ただ見守っていた。

二〇一四年十二月五日のことだ。会議の議題はふるさと納税である。ふるさとチョイスのおかげでふるさと納税が軌道に乗ったと感じた菅は、さらにこれを広めるよう総務省に命じた。ふるさと納税は、納税といいながら、新たな税が発生するわけではなく、自治体から自治体に税金を移動させる仕組みだ。たくさん寄付すればするほど、その分、多く寄付金、つまりふるさと納税した金が戻ってくる。その還付金を寄付控除と呼び、寄付できる上限は年収に応じて上限を定めている。たとえば年収三百万円の独身なら三万円までしか寄付できないので、寄付控除額二万八千円が戻ってくるだけだ。しかし、これが年収二千五百万円なら八十五万一千円寄付でき、八十四万九千円が還付される。

ふるさと納税を広めたい菅は、この寄付控除の上限を従来の倍にするよう、総務省に迫った。そうすれば、さらに寄付が増えるという発想である。

しかし、これには問題がある。官房長官の執務室に呼び出された平嶋は、恐る恐る切り出した。

「われわれは寄付控除の拡充に合わせて、（返礼品の）制限を検討しています。ただ（制限について）法律を書くことについて、法制局からは難しいと反応をもらっています。そこを踏まえ、通知で自粛《じしゅく》を要請しているところでございます」

年収に応じて寄付控除額の上限が定められているふるさと納税制度では、多額の寄付をすれば高価な返礼品が漏れなくついてくる。つまり、寄付する金額が上がれば、それだけ高額の返礼品となる。したがって返礼品の金額に制限を設けなければ、ますます地方自治体の過度な返礼品競争がエスカレートする危険性が高い。平嶋はそれを懸念したわけであり、これがのちに高額返礼品の規制となる。本来は法的に制限しなければならない。だが、法の番人と称される内閣法制局がすんなりＯＫしなかった。

一方、是が非でもふるさと納税を増やしたい菅は、平嶋たちの問題意識が理解できていなかったのかもしれない。文字どおり苦虫を噛み潰《つぶ》したような顔で、例によって短く口を開いた。

「（制限は）通知だけでいいんじゃないの？　総務省が通知を出せば、みんな言うことを聞くだろう」

そう冷たく言う。平嶋は反論した。

「そうでないところもあります。根拠は何だ、と聞いてくるような自治体も」

高額返礼品に何らかの制限をすべきだ、と平嶋は主張した。しかし、菅は制限など眼中にない。議論は平行線をたどる以外になかった。平嶋に対し、菅は語気を強めていく。

「これだけ（ふるさと納税のムードが）盛り上がっているなかで、（冷）水をかけるようなのは駄目だ。一万五千円でメロン一個の夕張市のような成功事例も出てきているじゃないか」

夕張市のふるさと納税は、一万五千円を寄付すれば、夕張メロンがもらえる、と人気があった。高額返礼品問題について、平嶋は菅の顔を立てながら、なおもこう食い下がった。

「（寄付金に対する返礼品の価値は）知事会などでも、二〜三割ならよい、という意見が出ているようです。夕張がちょうどそのぐらいでしょう。ただ、そういう表示をしても、しょせんはモノで（寄付を）釣るようなものですから、われわれとしましては問題意識を持っております」

一個五千円前後の夕張メロンなら、寄付額一万五千円の三割なのでギリギリ許容範囲ではある。しかし、しょせんは税に対する根本的な考え方が間違っている。平嶋はそこを指摘したかったのだろう。だが、菅はまともには答えず、話をそらす。

「手数料二千円を取っているだろう」

厳密にいえば、ふるさと納税で納める二千円は手数料ではない。十万円を超える支払い分が控除対象となる医療費控除のそれに近い。医療費における十万円がふるさと納税では二千円だ。二千円さえ負担すれば、寄付金がまるまる還付される制度もやはり問題があるが、菅はその二千円の支払いまでやめろと迫った。

「そうなると、寄付金制度全体を見直さなければなりません。それは難しいです」

平嶋は辛うじて踏ん張った。菅も一時は納得したかに思えた。

だが、そうではなかった。年が明けた二〇一五年七月、平嶋はいきなり自治大学校長へと異動になってしまう。これが、まるでふるさと納税に異を唱えてきた役人に対する意趣返しの〝左遷人事〟だ、と霞が関で評判を呼んだ。

「菅に逆らうと平嶋のような目に遭う」

官邸による典型的な恐怖人事として、今も各省庁の幹部官僚たちのあいだでそう恐れられている。

平嶋は総務事務次官候補と目されたエリート官僚だった。だが、自治大学校の校長を最後に退官する。地方職員共済組合理事長を経て、現在は立教大大学院特任教授として活動している。当の平嶋本人に改めて話を聞いた。

もう一人の犠牲者

「菅さんはふるさと納税がかわいくて仕方ないんです。第一次安倍政権で総務大臣に就任し、ご自分が制度をつくったという自負がある。一つの手柄です。ただ、実は制度そのものに問題がある。そこに意見して不遇な目に遭ったのは、私だけではありません。私の税務局における先輩で、私などより次官確実といわれていた河野《こうの》（栄《さかえ》）さんも、菅さんに相当抵抗して飛ばされてしまいました」

ふるさと納税は秋田生まれで地方思いの菅ならではの政策だと持ちあげられてきた。

しかしその実、高額返礼品を巡っては、一貫して総務省内で問題になってきた。結果的に一七年に寄付額に対する返礼割合を三割以下にするよう、全国の自治体に通知された。まさに平嶋が指摘した通りの事態で、高額返礼品の議論はずっと前からあるのだが、封じ込められてきただけなのである。

「〇七年当時、税務局長だった河野さんは菅さんに指示され、やむなく寄付金税制を使う方法を考えたのですが、研究会（注＝高橋洋一の提唱により立ち上げた有識者会議「ふるさと納税研究会」のこと）の報告書にはすでに〝お土産問題〟のおかしさが指摘されています。さすがにあの時点では法で規制する問題ではないという判断でしたが、目に余る場合は法で規制することもありうべし、ともされた。それで、菅さんは河野さんがずっと抵抗し続けたと思ってきたのでしょう」

一九七五年に東大法学部を卒業して旧自治省入りした河野栄は〇六年七月、官房審議官から自治税務局長に就任した。そこで菅にふるさと納税の創設を指示されたが、ぶつかった。平嶋が続ける。

「そもそも納税者が自分勝手に税金の使い道を決めれば、利益を受けられる部分だけに税を納める事態になりかねない。それがふるさと納税であり、税制として間違っている、と河野さんは指摘したわけです。で、苦肉の策として税制そのものではなく、寄付金制度をいじれば、そこをクリヤーできるんじゃないか、と考えた。でも菅さんは納税という言葉にこだわり、そこからずっと河野嫌いになった。役人から『理屈はこうなっている』と説明されるのがすごく嫌いな人なんです」

議会制民主主義では、有権者が選挙で選ばれた議員の決定に従うことが基本である。官僚はその有権者、つまり国民のために働かなければならない。したがって有権者の選んだ選良たる為政者が間違っていれば、それを正す必要があるのは自明だ。だが、現実には権力を振りかざす為政者に間違いを指摘すれば、ひどい目に遭ってきた。平嶋が憤る。

「河野さんはすごく優秀な方で、しかも閨閥《けいばつ》もあります。旧自治事務次官や鹿児島県知事から参議院議員に転出した鎌田要人《かまだかなめ》さんの娘婿で、省内で河野さんは次の人事で自治財政局長、さらに次官と駆け上るはずだった。ところが、財政局長になれず、消防庁長官で終わってしまいました。これも菅さんの人事だといわれています」

自治財政局長は総務事務次官の登竜門とされる重要ポストだ。〇七年七月人事で代わってそこに就いたのが、菅のお気に入りの総括審議官、久保信保《くぼのぶやす》だった。菅は河野と同期入省の久保をことのほか買ってきたという。

「自治省から広島県へ出向した期間がものすごく長い久保さんは、広島選出の中川秀直《なかがわひでなお》代議士と親しくなりました。で、菅さんが総務大臣になったとき、中川さんが『困ったことがあったら久保君に相談したらいい』と推薦したそうです。以来、久保さんは菅さんの相談に乗ってきました。その関係から河野さんを外し、久保さんを財政局長に差し替えたと言われています。もともと久保さんは交付税などおカネを扱う財政局の仕事をやったことがない。でも菅さんは、逆にありえないような人事をおこなうと、皆が俺の言うことを聞く、と考えたのではないでしょうか」

河野自身に会うと、やはり口が重い。

「たしかにいろいろありましたけど、もう引退したから、何も言いません。現役に迷惑をかけてもいけないから」

欠陥だらけの税制

総務大臣の看板政策として〇八年にスタートしたふるさと納税は、一二年十二月に第二次安倍政権で官房長官に立場を替えた菅が、もっと寄付を増やそうと躍起になってきた。それが寄付控除の上限倍増だった。平嶋が言う。

「第二次安倍政権発足当初は消費増税問題に追われ、手を付けられなかったが、二年目の一四年に入り、私が自治税務局長になる前に、『さすがに今年はやれよ』ときつくおっしゃってこられた。このときすでに『米、牛肉、カニの三点セット、どれがお得か』なんて調子で高額お土産が騒がれ、われわれも対策を検討していたのです。そこへ控除の限度額を二倍にしろという。そんなことを指示するのは、政権のなかでも菅さんだけでした」

ふるさと納税については、霞が関の官僚でなくとも少しばかり税制をかじった者なら、「欠陥だらけの税制だ」と口をそろえる。それをあと押ししたのが、菅の提案した寄付上限の倍増とワンストップ特例の導入である。ワンストップ特例は還付金手続きの際、確定申告を不要とする制度で、便利になるのでふるさと納税がもっと広がるだろうという単純な発想に基づいている。

住民税の一割を上限とした従来の寄付が、一五年度に二割に引き上げられた。くどいようだが、いま一度年収と寄付上限の関係をおさらいすると、課税所得二百万円で五万円、一千万円なら三十四万円、一千五百万円だと五十三万円といった計算になる。おまけにふるさと納税は医療費控除と違って、寄付した分がほぼそっくり戻ってくる税額控除だ。

「菅さんには、一四年の春先からずっと『高額所得者による返礼品目あてのふるさと納税は、返礼品送付自体に法令上の規制を導入すべきだ』と説明をしてきました。当時総務大臣だった高市（早苗）さんにもそう申し上げてきました。でも菅さんはそれどころか、（寄付）控除額を二倍にしろという。それで、この年の十一月になって、これを読めば、さすがの菅さんでもわかってもらえるだろうと、あの本のコピーを持って直談判《じかだんぱん》したんです」

平嶋の言う「あの本」とは、『１００％得をするふるさと納税生活』（扶桑社刊・金森重樹著）のことである。

「本には、〈僕の場合は年額６００万円までふるさと納税してもいい〉と書いている。おそらくこの著者は一億円以上の超高額納税者で、ふるさと納税の上限六百万円を寄付すればそれがそっくり還付される。そこには〈５９９万８０００円の全国お取り寄せグルメが取り放題「これ、まじで生活できちゃうじゃないか……」〉とまで書いてあるのです。やらなきゃ損と。これを見れば、さすがに菅さんも考えてくれるだろうと思ったわけです」

平嶋が目の前で本のコピーを広げながら、言葉に力をこめる。

「私としては、『国民に消費税の引き上げをお願いしておきながら、逆に高額納税者の節税対策みたいな枠を広げるつもりですか？』という気持ちでした。実際、それに近いことを口走ってしまいました。でも菅さんは『俺の意図に応えてくれ、本当に地元に貢献したいと寄付してくれる人を俺は何人も知ってる。こんなやつばっかりじゃない』というばかりなのです。それで、もうこれは駄目だなと思いました」

菅はやはり平嶋の助言に耳を傾けようとしなかった。

「私の提案はすべて却下されたので、やむなく本のコピーをレク資料としてクリアファイルに入れ、官房長官室に置いて帰りました。そうすれば読んでくれるかなと思ったけど、甘かった。すぐあと内閣官房の職員がコピーを返しに来ました。それだけでなく、当時の大石《おおいし》（利雄《としお》）次官から電話がかかってくるし、前の岡崎《おかざき》（浩巳《ひろみ》）次官まで私のところに飛んできた。『気持ちは分かるけど、お前だけの問題じゃなくなるから、矛《ほこ》を収めろ』となだめるのです」

平嶋はやむなく寄付控除の倍増とワンストップ特例の両方を呑んだ。それでも、菅の怒りは収まらない。

「最後に怒られたのがワンストップ特例の件でした。『ちょっと時間がかかりますけど、マイナンバーを使ってやらせていただきたいんです』と申し上げたら、『時間がかかる？駄目だ。すぐにやれ』と怒鳴られてしまいました。

ここまで来ると、覚悟しました。こんなに逆らう奴を放置すれば沽券《こけん》にかかわる、という空気がヒシヒシと伝わってきていましたから」

平嶋はそのあと、再び官房長官執務室に呼び出された。それが、冒頭の一四年十二月五日の場面だ。奇しくもその三日前の二日に衆院選が告示された。戦闘モードの菅は平嶋にますます怒りを増幅させた。

「年が明けると、高市総務大臣が『年末に官房長官と何があったのよ。謝りに行っておいでよ』と心配してくれました。でも、許してもらえる空気ではありませんし、なによりそこまでしたくない。そして、夏の人事で自治税務局長から自治大学校長に異動になりました。かなり異例の人事なので、挨拶に行った先々でOBや先輩たちから『本当は（自治）行政局長になるはずだったのに』といわれました。同じ局長でも指定職三級と四級の違いで、自治行政局長就任だと昇格になる。真相はわかりませんが、人事案を見た菅さんが私に昇格印が付いているのを嫌がったんだ、と……」

一方、平嶋は総務大臣だった高市からこう言われたと明かす。

「自治大学校長になる辞令交付式の際、皆の前で高市大臣からは『はよ、戻ってきいや』と関西弁で励まされました。そのあと『あんたからもらった資料をお守り代わりに持っている』とメールまでいただいた。結局、役所に戻ることはありませんでしたが、悔いはありません。ただ、ふるさと納税に携《たずさ》わってきた役人として、何があったのか、そこだけは明らかにしておく義務がある。今もそう思っています」

当の菅は平嶋の人事について「法令に従い適材適所でおこなわれていると承知しています」と答えるのみだった。平嶋が進退を賭《と》して正そうとしたふるさと納税は、それまでの総務省通知から、一九年六月には改正地方税法の施行により、「返礼品は寄付額の三割以下の地場産品」と法の基準が設けられた。そこに基づいて国は、基準を満たさない泉佐野市をふるさと納税の制度対象から除外するという強硬手段に出る。

すると泉佐野市は逆に国を訴え、法の施行時期を含めた除外処分の是非を巡り、最高裁にまでもつれこんで争われた。二〇年六月、最高裁はふるさと納税の返礼品について、「社会通念上の節度を欠く」と指摘した。そして、過去の実績に基づいて同市を除外した国の対応を「違法」と結論付けたが、それ以上、制度そのもののあり様については言及しなかった。

青い目のブレーンを引き入れたワケ

基本的に安倍政権の経済政策をそっくり引き継いだ菅政権では、それだけに独自色を印象付けようとしているかもしれない。名称が改まった有識者の第三者機関「成長戦略会議」には、新たにインバウンド政策の発案者として売り出し中のデービッド・アトキンソンも加わった。

「二〇一三年から始めた観光立国の仕組みづくりに際してアトキンソンさんの本を読み、感銘を受け、すぐに面会を申し込んだ。その後何度も会っている」

〈スペシャル対談　官房長官　菅義偉×小西美術工藝社社長　デービッド・アトキンソン——カギはＩＲとスキー場だ〉と題した「週刊東洋経済」の二〇一九年九月七日号の特集記事で、官房長官時代の菅自身がこう語っている。

「ビザの規制緩和により海外旅行者を急増させた」

インバウンドは、ふるさと納税と並んで菅が鼻息を荒くしてきた政策だ。それだけに、譲れないのだろうか。このコロナ禍で首相になってなお、ウイルスの脅威を度外視し「二〇三〇年インバウンド六千万人」達成の大風呂敷を広げたままだ。さすがにＧｏＴｏキャンペーンなる無茶な景気対策は停止を余儀なくされたが、いまだインバウンドの目標だけは死守しようと必死なのである。

もっとも首相ご自慢のインバウンドもまた、ふるさと納税と同じく、政策を提案したのは菅本人ではなく、アトキンソンでもない。

「菅総理の政策はすべてが、どこかで誰かが言っていたものをあたかもご自身で考えついたかのようにいっているだけ。インバウンドももとはといえば、旧民主党の前原誠司《まえはらせいじ》さんが提案したものです」

官邸関係者はそう話す。私自身、前原にインバウンドの件を尋ねたことがある。こう話していた。

「私は国交大臣のとき、公共事業を減らそうと、コンクリートから人へ、という政策を打ち出し、国土交通省に成長戦略会議を立ち上げました。その五つの成長戦略テーマの中核がインバウンドでした。当時はまだ外国人観光客が年間六百万人台でしたので、それを三千万、四千万と増やそうという構想を立てたのです。戦略会議には福田さんにもメンバーに加わってもらった」

有識者会議の名称も今の成長戦略会議と同じだ。ちなみに前原の話に出てくる福田とは、竹中平蔵のブレーンである経営コンサルタントの福田隆之である。一九年暮れまで菅官房長官の補佐官を務めてきたことは前に書いた。

安倍と菅に共通しているが、二人は自らの失政や不祥事を野党から責められると、「悪夢のような民主党政権よりよほどいい」と繰り返してきた。だが、それでいて空港や水道の民営化といった経済政策は、民主党時代に考案されたものである。ある厚労省の官僚によればこうだ。

「民主党時代の〇九年から内閣官房地域活性化統合事務局長として官邸入りしていた和泉（洋人）さんが、第二次安倍政権で首相補佐官になり、インバウンドをそのままやろうとしたわけです。厚労省にとつぜん『民泊を法制化しろ』と言い出して、『一週間で何とかしろ』と指示され、外国人向けの宿泊施設を増やすための法整備に取り組んだのです」

改めて説明するまでもなく、菅が横浜市議時代から政策を頼ってきた和泉は、菅政権の中核を担う官邸官僚である。

「インバウンドのために増やそうとした民泊は、もともと旅館業法によって厚労省が所管してきた宿泊施設扱いなので、厚労省に仕組みづくりが下りてきたわけです。海外ではたとえば英国の民泊営業上限が九十日となっています。しかし、それでは民泊業者にうま味がないので、日本の場合は百八十日に上限を設定しました。民泊はホテルや旅館の営業を圧迫するので、そこから反対が出ないギリギリのラインでした」（同厚労省の官僚）

住宅を所管する国交省と厚労省の合作法案として住宅宿泊事業法、通称民泊新法が二〇一七年に閣議決定され、一八年から法施行された。ビザの緩和と併せ、これがインバウンドを後押ししたといえる。

とどのつまり、民主党の前原案をそのまま安倍前政権に持ってきたのがインバウンド政策であり、そこには、むろんアトキンソンの貢献はない。

アトキンソンは英オックスフォード大で日本学を専攻し、九〇年に来日した。九二年から〇七年まで米ゴールドマン・サックスの日本経済担当アナリストとして勤務し、そのあと〇九年十一月に小西美術工藝社に取締役として入社している。小西美術工藝社は五七年十二月に創業された。日本の神社仏閣の漆塗、彩色、金箔補修を担う老舗《しにせ》企業だ。

アトキンソンはその経営再建を任された。名うての外資系アナリストと日本の文化財を守る老舗企業経営者という二つの顔を併せ持つ。入社した明くる一〇年六月に会長に就任。しばらく社長を兼務したあと、一四年四月から社長に専念してきた。

菅が読んだという書籍は一五年にアトキンソンが東洋経済新報社から出版した『新・観

光立国論』だ。菅本人の言によれば、本に感銘して会いに行ったことになっているが、そのあたりもどうやら怪しい。

いわば菅は、アトキンソンのネームバリューを使い、インバウンドの指南役に仕立てただけではないだろうか。かたやアトキンソンにもインバウンド政策の看板を掲げるメリットは大きい。小西美術工藝社は、インバウンドの観光政策が大きな利益を生んでいるからだ。

下村博文と旧知の大物金融ブローカー

「文化財を活用した観光で注目を集めれば、その文化財を保護するための補助金も得られやすくなる。国の財政が厳しい現在、観光資源にならなければ保護も厳しくなる」

一七年四月二十六日付の朝日新聞東京朝刊には、アトキンソン自らがそう談話を寄せている。実際、一七年に補修を終えた国宝の日光東照宮陽明門は、その総工費十二億円のうち五五%を文化庁の補助金で賄《まかな》い、大部分の工事を小西美術工藝社が担ってきた。会社の一八年の年間売上げ八億二千万円が、一九年には九億八千万円と前年比二割もアップしている。菅とアトキンソンの二人はまさしく持ちつ持たれつの関係にある。

おまけにアトキンソンの菅政権への提言は観光にとどまらない。アトキンソンのもう一つの持論が、最低賃金の引き上げなどによる中小企業の再編だ。日本の企業の九九・七%

を占める中小企業の数を減らし、生産性を高めよ、という。しかし、これには霞が関の官僚からの不満も少なくない。経産官僚が言う。

「中小企業の賃金問題や数が多いのは誰もがわかっているけど、そう簡単に整理統合なんてできません。企業の数を減らせば大量の失業者が発生するのは目に見えており、徐々に変えていくしかない。経営者にしてみたら、ただでさえコロナ禍で経営が苦しいのに実情がわかっていない外国人に言われたくないよ、という思いではないでしょうか」

つまるところ、菅はスマートな外資系アナリストを表看板に据え、以前からあるもっともらしい政策を、あたかも独自のアイデアであるかのように進めているに過ぎない。

ただし、アトキンソンが社長を務める小西美術工藝社は、日本の伝統文化に携わる産業とはいえ、売上げ規模十億円と大企業とはいえない。外資系アナリストにとって、ビジネス上さほどうま味のある会社とも思えない。

なぜ菅がアトキンソンにたどりついたのか。アトキンソンはどうやって老舗の文化財補修企業の経営を手掛けるようになったのか。そこについては、謎が残るのである。

菅政権の誕生後、永田町や霞が関では、政権中枢と外資系アナリストをつなぐキーマンの存在が囁かれている。それが国際金融ブローカーの和田誠一《わだせいいち》である。永田町が騒いでいるのは、和田が小西美術工藝社の会長に就いているからだ。アトキンソンは一四年四月に会長と社長の兼務を自ら解き、代わって和田が会長に就いた。

和田は九〇年代、サラ金「武富士」の資金調達をしてきた。その筋では知られた金融ブローカーである。元武富士の役員が説明する。

「サラ金が社会問題化して、武富士が日本の銀行から融資を受けられなくなったときに頼ったのが、和田でした。香港にギガワットインベストメントなる会社を持ち、東京のアークヒルズにあった会計事務所を行き来しながら、武富士のために動いていました。和田が香港に拠点を置いたのは税逃れのためだとも囁かれ、米バンカーズトラストなどから三千億円を調達した。それが京都駅前の同和地区の地上げ資金として使われたのではないか、とも取り沙汰されました」

この謎めいた怪人物は政界の知己《ちき》も多い。和田はかつて学習塾経営に乗り出した。その関係から文教族議員の下村博文《しもむらはくぶん》とも三十年来の交友がある。下村は新政権で菅が自民党政調会長に抜擢した。ともに九六年初当選の同期の桜だ。菅とアトキンソン、和田と下村という複雑な人脈関係について、「週刊文春」二〇二〇年十月十五日号の直撃取材に対し、当のアトキンソンはこう答えている。

「私が社長になった後、和田さんを会長にした。政治家との繋《つな》がりのためです。（文化財の）修繕に日本産漆を使うべきと提言するために（和田氏から）下村さんを紹介して頂きました」

アトキンソンは政界のパイプ作りのために和田を会長に据えたという。だが、よくよく取材すると、話は逆のようにも感じる。政界に通じる和田がアトキンソンを小西美術工藝社に入れたのではないか、という説も根強い。官邸関係者はこうも言った。

「和田は逮捕歴もあり、表舞台には立てない。それで菅総理は表の顔としてアトキンソンを使っているのでしょう。和田はカジノ・IR業界にも通じており、菅の地元横浜のドンと呼ばれる藤木企業の藤木《ふじき》幸夫《ゆきお》会長とも交流があるとされます。この数年、カジノの反対に回っている藤木会長とのあいだを取り持つべく、菅総理が和田に頼んでいるのではないでしょうか」

菅はアトキンソンとの対談でも、日本の観光にはIRが欠かせないと言い続けている。その狙いはコロナで目算が狂った。

第六章

菅ファミリーの蹉跌

菅の長男・正剛。「週刊文春」に、東北新社子会社の重役として、総務省幹部を接待していたことが報じられた。（©浅沼敦／文藝春秋）

実弟のＪＲ利権

政権発足からひと月半のあいだ、首相になったばかりの菅義偉は多忙を極めるなか、同じ団体の会合に二度出席していた。ＪＲ東日本グループの職域団体「東日本ときわ会」の幹部会がそれだ。一度目は二〇二〇年十月七日午後七時十分のこと。菅は東京・飯田橋にあるホテルメトロポリタンエドモントの宴会場「悠久」に駆け付け、いつにない明るく張りのある声でこうスピーチした。

「私は住田社長のご恩を決して忘れられません。今の私があるのは住田社長のおかげ……」

二度目の会合は十月二十六日午後六時四十八分、菅は東京・赤坂の「広東名菜　赤坂璃宮」で開かれた会合に馳《は》せ参じている。同じように挨拶した。

言うまでもなく住田社長とは元運輸事務次官、住田《すみた》正二《しょうじ》（二〇一七年死去）のことだ。一九八七年に分割民営化された東日本旅客鉄道（ＪＲ東日本）の初代社長に就任した国鉄改革の立役者である。

ＪＲ東日本が自民党に働きかけて設立した職域団体であるときわ会は、選挙になると従業員を動員して票集めの実働部隊となる。二〇二一年十月の衆議院議員の任期満了まで一年を切っているだけに、菅も気を遣っていたのだろう。しかし会合に駆け付け、熱を入れて挨拶したのは、それだけが理由ではない。菅とＪＲのあいだには、深い因縁がある。これまで、そこにはなかなか光が届かなかったが、会合に参加した一人はその一端についてこう言った。

「会合では、ＪＲ東日本の歴代社長のなかで住田さんの名前だけしか挙げませんでしたけど、最も菅さんの面倒を見たのは松田《まつだ》昌士《まさたけ》元社長であり、菅さんの大恩人です。松田さんの意を受け、そのあと大塚陸毅《おおつかむつたけ》、清野智《せいのさとし》、冨田哲郎《とみたてつろう》、みな強力に菅さんをバックアップしてきた。その恩を忘れて松田さんの名前を出さなかったのは、腹が立ちます。菅さんは安倍政権の後半、ＪＲ東海の葛西（敬之）さんの手前、東と距離を置き始めた。で、松田さんが亡くなり、今の深澤祐二《ふかさわゆうじ》社長と仲良くやろう、とときわ会に出てきたのでしょう。それでも、葛西さんに気遣って松田さんのことは口に出せなかった」

国鉄キャリアプロパーの松田は長らく病床に就き、この年の五月、八十四歳で鬼籍に入ったばかりだった。現ＪＲ東海名誉会長の葛西や元ＪＲ西日本会長の井手正敬とともに「国鉄改革三人組」の一人と称される大物財界人である。また、ＪＲ東海の葛西は安倍晋三の財界応援団長として名高い。国鉄の分割民営化後、松田と葛西が長年犬猿の間柄にあったのは、知る人ぞ知るところだった。

もとをただせば菅は、初代社長の住田や二代目社長の松田率いるＪＲ東日本の支援を受け、中央政界で売り出した経緯がある。だが、松田の告別式には供花一つ送らなかったという。ＪＲ東日本の古手幹部たちからすれば、それがＪＲ東海の葛西に寝返ったかのように見えてきた。

たたき上げの苦労人をウリにする新宰相は、「国民のあたり前を実現する」と謳い、既得権益を打破する改革派の政治家像をアピールした。反面、政策の多くは特定の企業や業者の要望をまる呑みし、そのまま実現しようとしているだけのようにも感じる。

菅には知られざる企業との蜜月がある。

「菅には三つ違いの弟がいて、つい最近までＪＲグループ企業の重役として駅ビルのテナント契約を取り仕切ってきたんだ。つまり菅は弟にＪＲ利権を与えてきたんだよ」

菅の選挙区である横浜の政界通がそう教えてくれた。

東京で暮らし始めた菅兄弟

秋田県湯沢市生まれの菅には、二人の姉と弟がいる。姉たちが北海道教育大学を卒業して高校教師になったことは私自身これまで何度か書いてきたが、実弟に詳しく触れるのは、菅が首相になってからである。

弟は一九五一年五月生まれの七十歳、菅秀介《ひですけ》という。菅本人と同じく秋田県屈指の進学校である湯沢高校から、七〇年四月に慶応大学商学部に進んだ。秀介より三歳上の菅は前年に法政大学法学部に入っているので、ともに東京で大学生活を送っていることになる。終戦前後に生まれた四人きょうだいがそろって大学に通えたのだから、菅家の子供たちは恵まれた家庭環境に育ったといえる。

実弟の秀介については、菅が首相になると、写真誌「FLASH」と「FRIDAY」が相次いで本人を直撃し、簡単に紹介している。兵庫県の外車ディーラー「ジーライオン」グループ各社の役員に名を連ねている。ジーライオンは、和菓子の「千鳥屋総本家」や有田焼の「深川製磁」など七十七社の企業を束ねる企業集団を形成している。創業社長である田畑利彦《たばたとしひこ》の息子が結婚した二〇一八年十一月には、官房長官時代の菅自身が披露宴に出席している。菅ならびに弟たちファミリーとJR東日本との縁は、実弟がジーライオングループ入りする前のことだ。それ自体、これまでいっさい書かれていなかった。

菅兄弟は社会人として働き始めた時期も近い。兄の一年遅れで慶大に入学した弟の秀介は、大学卒業後の七四年四月に繊維《せんい》商社「グンゼ産業」に入社する。ちなみに同社は各種産業機械、繊維材料の製造販売を手掛ける商社であり、一八九六（明治二十九）年に波多野鶴吉《はたのつるきち》が京都で創業した郡是製絲株式会社、のちのグンゼとは関係がない。

かたや兄の菅は、弟が社会人になった翌七五年四月、横浜を地盤とする自民党衆議院議員の小此木彦三郎事務所入りした。秘書として仕えた小此木は、菅と同じく横浜市議から自民党代議士に転じている。運輸政務次官や衆議院運輸委員長などを歴任し、運輸族議員としての地歩を固めていった。中曽根康弘の腹心として行政改革や国鉄の分割民営化に取り組み、国鉄長期債務特別委員長を務めた中曽根派の重鎮だ。

菅は梶山静六や古賀誠《こがまこと》、野中広務のことを政治の師だと公言してきたが、政界における原点は小此木の秘書時代にある。というより、現在にいたる政治手法を小此木から学んだといっても過言ではない。JRとの関係も運輸族議員の小此木から受け継いだものだ。

「何を隠そう、菅が小此木事務所に入るときに彼を面接したのが私です。だから、彼のことはよくわかる」

そう打ち明けるのは、小此木事務所の先輩秘書だった岩倉正保《いわくらまさやす》である。

「菅がJRと蜜月になるきっかけをつくったのは、小此木事務所にいたベテランの女性秘書ではないでしょうか。彼女のことは住田さんがずっと可愛がっていました。二人の仲はのちにゴシップ誌『噂の真相』にすっぱ抜かれてしまいました。菅は彼女ととても親しくしていました。で、そのうち菅が小此木事務所の国鉄担当となり、住田さんと親しくなった。たしか菅本人が横浜駅西口に近い料亭『あいちゃ』で代議士に連れられ、秘書として住田さんと会っていた記憶があります。弟が東京駅のキヨスクに店を出す権利を持てたのも、そんな国鉄・ＪＲとの関係からでしょう」

菅は七五年から十年あまり小此木事務所で働いた。小此木はその間の八三年十二月に発足した第二次中曽根内閣で通産大臣として初入閣している。翌八四年十一月までの大臣在任一年のうち、岩倉が初めの半年間秘書を務め、そのあと菅に交代したという。

「菅は横浜市会議員になろうとしていたので、大臣秘書官という肩書が欲しかったのだと思います。市会議員になったときは西区の相鉄グループの支援を受けています。私鉄もＪＲと路線がつながっているので菅が担当していました」（同・岩倉）

菅は国鉄が分割民営化された八七年の四月、横浜市会議員選挙に立候補して当選した。そこから菅は、ＪＲ東日本の社長となった住田たちとさらに関係を深めていく。

東京駅ナカ一等地の製菓店

一方、実弟の秀介は、菅が横浜市議になった二年後の八九年一月、グンゼ産業を脱サラして和菓子メーカー「ヒデ製菓」を起業する。ヒデは秀介の一文字をとったものだというが、義偉のヒデでもあるのではないだろうか。会社には、秋田在住の実母タツも監査役として名を記してあった。

ヒデ製菓の法人登記によれば、会社設立時の本店は秀介が住んでいた東京都江戸川区のマンションの一室に置かれていた。そこから新たに九四年十月、千代田区丸の内一丁目九―一に支店が登記されている。その丸の内の支店住所が東京駅である。つまり脱サラして間もない一介の製菓店主が、東京駅構内のキヨスクを一店舗まるまる借り、そこで自前の菓子を売り始めたことになる。九四年はあくまで登記上の支店設置なので、実際はこれより早い段階から東京駅に店を出していたようだ。グンゼ時代の同僚に尋ねると、開店当初のことをよく覚えていた。

「彼（秀介）は単なるキヨスクの店主というイメージではありません。東京駅の駅長クラスとも知り合いでした。間もなく東京駅構内に二号店を出し、他の山手線の駅にもキヨスクを出店しました。それらの出店には、やはりお兄さんの力がかなり働いていたはずです」

言うまでもなくキヨスクは、ＪＲが展開している売店だ。駅への出店にあたり、秀介は兄の後援者に店で販売する商品の相談をし、それを使った。グンゼ時代の秀介の元同僚が解説してくれた。

「ヒデ製菓では横浜にある二文字屋の『浜かもめ』というカステラ饅頭《まんじゅう》に『東京じまん』という焼き印を入れて名前を変え、東京名産のような形で売り出しました。どちらも中身はまったく同じで、福井県の五月ヶ瀬《さつきがせ》という製菓会社に作らせていた。二文字屋は市会議員だった義偉さんの後援企業で、同じ製造ラインを使わせてもらい饅頭をつくったのです」

菅は市議時代から二文字屋をスポンサーにしてきた。官報によれば、衆院で初当選した九六年に五十万円、九八年には二十四万円の献金を受けている。また菅事務所で働いていた女性スタッフが二文字屋の代表取締役だった時期もある。かなりの親密企業だ。元同僚が言葉を足す。

「他では、東京銘菓ではないけど『東京発25時』と命名して売り出しました。今は『東京ばな奈』がメジャーになったけど、商品に東京の冠を付けたのはヒデ製菓がはしりでした。とくに東京駅のキヨスク一号店は新幹線ホームに向かう動線にあり、一等地だから飛ぶように売れました。多いときは一日百万円を売上げたと聞いています」

秀介は八重洲中央改札近くの銀の鈴そばのコンコース（大通路）に店を出していた。つまるところ店舗の場所がよかっただけだが、年間売上げは実に一億円に上ったという。

そしてこの間、兄の菅もまた、政界を駆けあがっていった。菅はバブル経済最盛の九〇年四月、師である小此木とともに元建設事務次官の高秀秀信《たかひでひでのぶ》を横浜市長に担ぎ出し、市長の高秀とタッグを組んで「みなとみらい21」構想などの都市開発を進めた。九一年十一月に小此木が没したあとは「影の横浜市長」とまで呼ばれるようになり、九六年十月の衆院選に出馬した。小此木亡きあと、国政に転じた菅は、ますますＪＲ東日本と接近していった。

ＪＲ東日本常務やルミネの社長を歴任してきた花崎淑夫《はなざきよしお》は、菅とも親しい。自宅を訪ね、菅のイメージについて聞くと、こう絶賛した。

「菅総理とは小此木（彦三郎）先生の秘書時代からの長い縁があります。『千万人といえども吾往《われゆ》かん』という非常に正義感の強い方で、自分の信じる道を突き進む。ＪＲの年金債務問題のときも、当選一回生の若手議員たちを取りまとめ、われわれの意見に賛同してくれました」

ＪＲ十三人衆として

花崎は井出や松田、葛西ら国鉄民営化三人組のもとで、改革に汗をかいてきた。さらに国鉄分割民営化後のＪＲ東日本では、政治担当となり、ＪＲの年金債務問題に直面する。年金債務問題とは、国鉄が分割民営化された後、鉄道共済年金が厚生年金に統合され、政府・運輸省が、国鉄清算事業団の三千六百億円の積み立て不足を、ＪＲ各社に追加負担するよう求めた一件である。

一九九八年一月、政府は債務の処理方策を策定し、「旧国鉄債務処理法案」（日本国有鉄道清算事業団の債務等の処理に関する法律）を国会提出した。この年十月の清算事業団解散を控えた長期債務処理の一環だった。最初の法案提出は橋本龍太郎政権時だったが、首相の橋本は折からの金融恐慌に見舞われた七月の参院選で惨敗して退陣する。急きょ、後継首相となった小渕恵三政権に国鉄の年金債務問題が持ちこされた。

政府としては秋の臨時国会で国鉄の債務処理法案を成立させなければならない。しかし、政府与党の法案に対しては、ＪＲ東日本を中心とした各社が猛反発してきた。おまけに、橋本内閣の官房長官だった梶山静六まで政府与党案に反対を表明し、自民党内が大分裂して大騒ぎになる。このときＪＲ東日本に味方し、「有志の会」を結成して若手反対派議員を取りまとめたのが、当選一回生だった菅だった。菅たちは当時、〝ＪＲ十三人衆〟と呼ばれた。花崎が続ける。

「すでにＪＲが民営化して株式上場し、株主から二兆円を集めたあとのことです。私は株式上場の責任者でもありました。で、われわれとしては清算事業団が二十兆円以上の価値ある土地をバブル期に売り逃しておいて、あとからそれはないでしょうという当たり前のことを言っただけ。そこに賛同してくれた有志の会は、菅総理よりひと足先に代議士になった小此木八郎議員がリーダーということになっていたけど、事実上は菅さんが中心でした。おかげであの野中（広務、官房長官、当時）さんを相手に、政府案に反対する若手が増え、あとから河野太郎さんや下村博文さんなんかも加わって、十三人ほどになったのです」

二〇〇八年十一月二十六日付の日経新聞「私の履歴書」には、元社長の松田（当時相談役）が当時の苦境をこう吐露している。

〈追加負担により事業が悪化すれば、今後のＪＲ株の売却益も減少し、国家財政に悪影響も与える。何よりも国鉄を駄目にした「政治介入」の再来を懸念した〉

結果は、菅たち〝十三人衆〟を援軍につけたＪＲ東日本の反対運動が一定の成果を得た。当初の三千六百億円の年金負担要求に対し、半分の千八百億円で政府と折り合い、九九年二月に修正年金法が成立する。ＪＲ東日本としては菅に感謝する以外になかったという。奇しくもこのとき集結した〝ＪＲ十三人衆〟の顔ぶれが、閣僚や党三役として現在の菅政権を支えている。

一方、実は菅兄弟にとってこのあたりは、ピンチを迎えた頃でもあった。東京駅構内のキヨスクという絶好の権益を得ながら、ヒデ製菓は経営に躓いた。先のグンゼ産業時代の同僚が言葉を加える。

「ヒデ製菓は会社といってもグンゼ時代の後輩を役員に据え、あとは従業員数人とアルバイトといった零細企業でした。だから失敗の理由をひと言でいえば、経営者である秀介さんの放漫経営でしょう。東北新幹線の引き込み工事が始まって乗客の流れが変わったせいもあるけど、それより思いつきの的はずれなワンマン経営がたたったという以外にない。チョコレートコーティングした柿ピーや冷凍中華饅頭。それが凍ってなくてクレームがついてね。苦しくなって催事で臨時店舗を出して時計を売ったり。博多の明太子や崎陽軒《きようけん》のシウマイを置いてみたり。崎陽軒のシウマイは仕入れ値が高く、利幅が小さい。それで見せかけの売上げを伸ばそうとしたけど、焼け石に水でした」

崎陽軒は兄の菅にとっても大事な後援企業の一つだ。だが、売れ行きは伸びなかった。さらに皮肉にも、ヒデ製菓の売上げ低迷と前後し、主力商品「東京じまん」の本家、二文字屋に不祥事が発覚する。九六年六月、神奈川県警が二文字屋の社長を逮捕したのである。社長がすでに取り壊して存在しない自宅の建物に火災保険をかけて偽装工作をした上、旧神奈川信用組合から四千五百万円の融資を騙し取ったという不正融資事件だ。

この二文字屋には、「毎日興業」という関連企業もあった。もとは別人が経営していた飲食業者だが、九六年七月、菅事務所にいた女性スタッフが代表取締役になり、経営のバトンを引き継いだ。毎日興業の法人登記によれば、この元女性スタッフと同時に、菅秀介が取締役に就任した。二〇二〇年十一月まで取締役として名を残していたが、その後、取締役の登記を抹消した。

つまり毎日興業は菅事務所の元スタッフと実弟が経営する菅のファミリー企業のような

存在だったのではないだろうか。ＪＲ横浜駅西口で居酒屋チェーンの「甚八」フランチャイズ店や喫茶店の「イタリアントマト　カフェ　ジュニア」、寿司「天龍」といった飲食店を次々と出し、手広く事業展開してきた。

だが、これもやがて左前になり、事業を縮小する。いまや駅前の「横浜西口商店街」の「お好み焼き堂本舗」を運営している程度だ。そしてこのあたりからヒデ製菓の経営もおかしくなっていった。

「会社を設立した当初はグンゼ産業時代に結婚した奥さんも手伝っていました。ですが、秀介本人は派手な生活を好んでしばらくすると離婚し、銀座のクラブで働いていた女性と再婚しました。沖縄での結婚式は盛大で、菅さんやご両親、お姉さんたちもいらした。でも彼は奥さんにスナックをやらせたり、そういうこともする。ヒデ製菓の役員などは社長の秀介から二億円の銀行融資の連帯保証まで強要されそうになり、怒って辞めたそうです」（前出のグンゼの同僚）

二〇〇〇年代に入ると、秀介は後妻とのあいだに生まれた三人の息子たちを子役として俳優デビューさせた。息子たちはテレビＣＭやフジテレビの「笑っていいとも」などにも出演したが、肝心の事業は失敗した。

「そういえば、菅事務所で働いている秀介君を見かけたことがあったな。でも次に行ったときはいなかったから、一年もいなかったはずだ」

小中高の菅の同級生で元湯沢市議会議長の由利昌司《ゆりまさし》はそう振り返った。秀介はヒデ製菓から撤退したあと、いっとき菅事務所に勤めていたのだろうか。

〇二年十月、ヒデ製菓と秀介個人は東京地裁に破産を申し立てた。ヒデ製菓の経営したキヨスクは東京駅から撤退して消滅し、翌〇三年二月には、秀介個人の債務についての免責が確定した。

ところが、菅の実弟、秀介はここから意外な転身を遂げるのである。

破産から一転ＪＲ企業の重役に

東京駅銀の鈴に近い絶好のロケーションにありながら、製菓店をたたんだ秀介は、個人としても自己破産する。そこからほどなくすると、再び活動を始めた。秀介に救いの手を差し出したのが、分割民営化されたＪＲ東日本の子会社「千葉ステーションビル」だ。海《かい》浜《ひん》幕張、津田沼、西船橋など十の駅ビルを運営しているいわゆる駅ビルの運営子会社である。

九六・六％の株を所有するＪＲ東日本と三・四％のジェイアール東日本都市開発という株主構成となっている。ルミネと同じように、千葉駅をはじめとした千葉県内の古い駅ビルをペリエというブランドビルに改め、ファッショナブルなテナント事業を始めた。二百七十七のテナントが入居する中核の千葉駅「千葉ペリエ」は、数あるJR東日本管内の不動産事業でも、三番目の床面積の大きさを誇る。年間四百億円近くを売上げる優良企業である。

秀介は自己破産した半年後の〇三年八月からこのJR企業の幹部として働き出した。そこから数年で重役にまで昇りつめるのである。再就職したときに、秀介本人はとうに五十歳を過ぎていた。会社をつぶして自己破産した上、論語でいうところの知命の年を超えた初老の元菓子店主が、そんな優良企業にいったいどうやって入社できたのか。なぜ簡単に復活できたのか。そこには、とうぜん兄の影がちらつく。千葉ステーションビルの元社長、椿浩《つばきひろし》に聞いた。

「私が一三年に千葉ステーションビルに入社したとき、彼はもう働いていました。営業畑の人間で、ペリエのテナントをマネージメントするのが仕事でした。本人はお兄さんの名前をいっさい出さないけど、とくに役員のあいだでは兄弟であることは周知の事実でした。商売をやっていたという話は聞いたことがあるが、菓子屋だったなんて知りません。千葉ステーションビルの役員はプロパーとJR東日本からの転籍がほとんどです」

椿は社長としてともに働きながら、秀介の入社の経緯はおろか、わずか数年でどうやって重役になったのか、それすら知らないという。一方、ステーションビルの役員だった元駅長に会うと、苦笑いしながら次のように話してくれた。

「〇三年ころ、（菅と）ＪＲ東日本の関係で入ってきたんだと思う。最初から営業部長だったんじゃないかな。そのあと取締役になった。ペリエに入るテナント相手の仕事で、もちろん彼のお兄さんが誰だかみな知っているけど、自分から話はしない。お兄さんの関係で入社したかもしれないけど、営業のノウハウもあったし、テナントさんのこともよく知っていた」

秀介に誘われ、官邸見学に出かけた役員もいる。こう言った。

「官房長官室に行くと菅さん本人が『写真でも撮る？』と出迎えてくれ、記念撮影をしました」

菅秀介は脱サラ後、すぐに東京駅のキヨスク出店の権利を得ている。そのあと菓子の製造・販売事業に失敗して破産すると、次はＪＲ東日本の優良子会社の重役におさまった。菅とＪＲ東日本、秀介や後援企業とのこの間のやりとりを〝総合的かつ俯瞰《ふかん》的〟に顧みれば、兄が面倒を見てきたとしか受け取れない。

果たして当の菅兄弟は実の兄との関係や就職の経緯について、どう説明するのか。そこを問うため、まずは弟の秀介の自宅を訪ねた。二〇年十月下旬、日曜日の夕刻、白いＢＭ

Wを運転して帰宅した秀介は笑顔で「取材はお断り」と手を振った。自宅玄関先でまずは「東京駅に店を構えることができたのは菅のバックアップがあったからではないですか」と問う。と、足を止めた。

「いや兄とは関係ないので、それは違います。兄にバックアップしてもらったわけではなく、僕がたまたまキヨスクの商品部長を知っていて、東京駅で菓子を販売することができたんです。慶大時代の先輩のところで（販売部長と知り合って）ゴルフなんかをいっしょにやっていました。（販売部長は）もう亡くなりましたけど……」

そのまま秀介に質問を繰り返した。

嘘が多い

――その程度のきっかけで出店競争の激しい東京駅の最も立地条件のいいコンコースでビジネスをできるのか。

「いや、当時はあまり店が出ていなかったんで。最初は催事（臨時販売）で『東京じまん』を売って、実績をつくってやれるようになったんです」

――それは菅の後援企業である二文字屋と同じ菓子だろう。つまり兄の支援者の商品と同じものを売っていたことになる、それでも菅とは関係ないのか。

「兄の選挙を手伝いに行ったとき、二文字屋さんと知り合って誘われ、いっしょにやったんです。二文字屋さんに製造会社を紹介していただき、そちらから商品を仕入れていましたから。その後、二文字屋さんはあまりこちら（ヒデ製菓）には来てない」

——では毎日興業とは、どのような関係か。二文字屋の役員だった菅事務所の元女性スタッフが代表を務め、貴方《あなた》自身も登記簿上役員として名を連ねているが。

「毎日興業なんて、僕はぜんぜん知らない。なんかそれ、前に聞いたことがあるんですけど、役員になるなんて承諾した覚えもありません」

——となると、誰かが勝手に毎日興業の取締役として貴方を登記したことになる。菅事務所にいたスタッフが経営している後援企業だから、菅首相が指示したのか。

「いや、それは違うと思いますね。他から役員に名前が入っていると聞かされ、連絡先もわからないのでそれきりなんです。（元女性スタッフも）会えばわかるかもしれないけど、覚えていません。よくわかんないです」

毎日興業のことになると、途端に早口になり、いかにも窮《きゅう》しているような印象を覚えた。グンゼ産業時代の秀介の元同僚は、女性スタッフについてこう言う。

「ひょっとすると、その女性スタッフは菅事務所に派遣された元ウグイス嬢ではないか。彼女はヒデ製菓の開店当初、菓子の販売について指導員をしていました」

――ヒデ製菓はなぜ倒産したのか。自己破産までしたのはどうしてか。

「卸（仕入れの失敗）で引っかかり、借財はかなりありました。それに当時、東京駅の改装工事があり、もうこれ以上店を出せないとなり、売り場がなくなったのでやむなく」

――では、千葉ステーションビルに入社したのはどういう経緯か。自己破産してすぐにJRの関連企業の幹部として再就職できるというのは、なかなかないのでは。

「最初は営業部付の部長として入りました。ウチの兄貴がどうのこうのということより、向こうさんの方から『子どもが小さいから生活できないだろ』と声がかかって入社したんです」

――JR東日本から声がかかったのか。それは当時の社長からか。むしろ弟が困っているから助けてほしい、と菅首相から頼まれたのではないか。そのほうが自然に思えるが。

「ハハ、それは違うと思います。キヨスクさんの方からも、『大変だろう』と話があったんだろうと思うんですけど、向こうの方から『今なにやってるの？』とお話があったということで、『今介護やっています』という話はしたみたいですよ」

――いったいその「向こう」とは誰で、いつ誰と話をしたのか。菅首相がJR東日本から貴方のことを尋ねられて答えているように感じるが。

「いや、それは言いません。僕はもうこれ以上しゃべらない。（破産したあと）病院で半年ほど介護の仕事をしていて、そのときに声がかかった」

つまり〇三年二月に自己破産が認められて債務の免責を受けている秀介は、わずか半年ほどのちに営業部付き部長として千葉ステーションビルに再就職したことになる。そこから営業部長となり、一〇年六月に営業担当重役に出世していったのである。

秀介の話には嘘が多い。たとえば菅は秀介が東京駅にキヨスクを出店するにあたり、二文字屋社長を弟に引き合わせている。むろん秀介と社長は初対面だったが、菅と社長はタメ口で話すほど親しく、義偉がしきりに「この靴いいだろう」と自慢していたという。

弟がピンチを迎えるたび、自らの政治力で助け、尻拭《しりぬぐ》いをする。それが菅の唱える「自助、共助、公助」なのだろうか。破産手続きで借金が棒引きになった反面、そこには踏み倒された被害者が存在する。そこは見て見ぬフリをしているというほかない。

破産した秀介が入社した二〇〇〇年代初め、JR東日本は千葉駅ビルの建て替えや周辺の再開発を計画していた。そこには壮大な商権が渦巻いた。新たな千葉駅舎の建設工事は一一年に始まり、一六年十一月二十日に竣工する。大々的な竣工式典には、JR東日本副社長の深澤祐二や千葉市長（現県知事）の熊谷俊人《くまがいとしひと》、西口開発の工事を請け負った大成建設社長の村田誉之《むらたよしゆき》がテープカットに臨んだ。参考までにいえば、深澤は目下、JR東日本社長として菅政権の進めるインドの新幹線建設計画の中心的役割を担い、千葉市長だった熊谷の千葉県知事選出馬は、菅がバックアップした。また、大成建設は菅の三男の勤め先でもある。

新千葉駅舎のオープンセレモニーが終わり、ペリエのテナントを誘致してきた秀介は、それから四カ月後の一七年三月、千葉ステーションビルの取締役を退いた。

「彼が辞めたのは、風邪をこじらせて入院が続いたからです。最後の方は休みがちになってこれ以上仕事ができない、という理由でした」

元社長の椿はそう言ったが、当の秀介は千葉ステーションビル退社と同じ日に神戸のジーライオンに入った。先に書いたように外車ディーラーから起業した同社の田畑は、この十年来、飛躍的に社業を拡大させてきた。有田焼の「深川製磁」や和菓子の「千鳥屋総本家」のほか、宮内庁御用達のかまぼこ会社「小牧」や撮影のロケバスサービス「ウイズ・ユー」などを買収している。秀介はそのジーライオングループのウイズ・ユーの代表に就いたほか、何社もの取締役を兼務し、悠々自適に暮らしている。

一方、弟の面倒を見てきた兄は「既得権益の打破」を旗印に総理大臣に昇りつめた。菅義偉が自ら醸し出す世襲議員でない庶民宰相のイメージは、私にはない。菅が自らのファミリーに与えてきた既得権益は、実弟だけでもない。

長男の総務官僚接待

典型的なサンズイだな――。国会の模様を間近に見てきた政府の高級官僚は、思わずそう吐き捨てた。サンズイとは政官界の汚職事件の「汚」をもじった捜査当局の隠語である。同じようにその総務官僚や放送事業会社「東北新社」の国会答弁をテレビで見たという民放テレビ局の経営者は、次のような感想を漏らした。

「放送法に基づく二〇％の外資規制問題を巡るあの答弁には驚きました。外資規制といっても、一般の人にはピンとこないかもしれません。しかし、放送人にとっては外国資本に局の経営を握られる免許条件の話で、一発で免許を取り消されかねません。東北新社がそこに『違反していました』と総務省側に申し出たのは大変な事態で、口頭でどうこう説明できる問題ではない。東北新社に対応した当時の新任総務課長が『覚えていません』と答弁しました。そこには大きな含みがあり、課長の話はある意味、本当かもしれません」

仮に東北新社が外資規制に関する説明文書を提出していないとする。それは総務省が問題にしない前提で話をつけていたからであり、敢えて、記憶にも記録にも残らない形をとった可能性があるという。

東北新社グループは、それほど重大な違反を隠して衛星放送を続けてきた。所管官庁である総務官僚接待は、その隠蔽《いんぺい》工作の一環ではないか。

「総務省も認定の審査が十分でなかった。こうした事態を二度と起こさないよう、審査体制を強化する」

総務大臣の武田良太《たけだりょうた》はそう会見し、二〇二一年五月一日をもって東北新社グループの放送事業認定の一部を取り消すことになった。だが、もとよりそれで収まりそうにない。「週刊文春」により明らかになった菅の長男、正剛《せいごう》の総務官僚への接待は、単なる業者のそれとはレベルが異なる。放送の許認可を巡る贈収賄事件の疑いが非常に濃厚な出来事といえる。おまけに、現職首相の長男である菅正剛がそこに深くかかわっていたのだからなおさら重大なのである。

なぜ、首相の親族が〝汚職〟の現場に登場したのか。まずは、その疑問から紐解《ひもと》く。疑問を解くカギは、明るみに出た接待の時期にある。当初文春が報じた長男による総務官僚接待は、二〇二〇年十月から十二月にかけた四回だった。接待相手は事務方ナンバー2である総務審議官の谷脇康彦《たにわきやすひこ》ら四人組だ。その後、総務省の調査により、一六年七月以降、九人の総務官僚が東北新社からの接待を受けていた事実が判明した。首相の長男ら東北新社による接待は四年間で延べ十三人、三十九回に及んだ。接待を受けたそのなかには、のちの内閣広報官の山田真貴子もいた。

この間、東北新社では放送法に基づく外資の出資比率が二〇％を超えていることを自覚してきた。にもかかわらず、総務省に放送事業認可を次々と申請し、認められている。法違反を誤魔化すため、一七年八月に慌てて「東北新社メディアサービス」なる子会社を設立してそこに衛星放送事業を移し、そのまま放送を続けた。さらにその翌一八年五月には、別の子会社「囲碁・将棋チャンネル」の放送継続の総務省認定を受けた。二〇年三月には「スター・チャンネル」のBS放送を拡充、十二月に総務省から「スター・チャンネル」のBS放送事業更新を認定される。

そしてくだんの衛星放送子会社である東北新社メディアサービスと囲碁・将棋チャンネルの重役に就いていたのが、菅の長男正剛だ。総務官僚接待と放送認可の因果関係が疑われるのは自然な流れというほかない。

東北新社の内紛

東北新社は一九六一年四月、秋田県出身の植村伴次郎《うえむらばんじろう》が設立した。翻訳業から身を興した植村は、英国の人形劇「サンダーバード」を輸入し、NHKで放送して大ヒットさせた立志伝中の人物だ。もともと東北新社はそうした外国映画の輸入やCM制作を手掛ける映像プロダクションだったが、植村はそこから放送事業者へと脱皮する。とりわけBSやCSの衛星放送に進出し、スター・チャンネルなどさまざまな番組を提供してきた。

「伴次郎さんのことはよく知っていますよ。ご長男の徹《てつ》さんとも親しかった。昨（二〇一九）年、徹さんが東北新社の経営から退いてしょげているんじゃないか、と心配で、たまたま食事に誘いました。それが折悪しく、黄金週間前の四月半ば、コロナの第一波に襲われた頃でした。そのため『会食は一週間くらい延期しよう』とご本人と電話で話していたんです。ところが、その日の夜に徹さんの具合が悪くなってそのまま亡くなってしまわれた。結局、会えずじまいでした」

そう話してくれたのは、フジテレビの持ち株会社「フジ・メディア・ホールディングス」相談役の日枝久《ひえだひさし》だ。植村親子は放送業界の有名人だけに、日枝というテレビ界の大物とも交友があったのだろう。伴次郎の長男、徹の死因は新型コロナウイルス肺炎だった。

一方、「長男の東北新社入りには関知していない」と国会で繰り返し弁明してきた首相の菅は、植村一族との付き合いだけは認めた。秋田の同郷の好《よしみ》で、創業者の伴次郎に支援してもらってきたという。もっとも菅と植村家の付き合いはさほど古くはない。

「政財界に顔の広い伴次郎さんが最初に応援したのが、秋田が選挙区だった自民党の石田《いしだ》博英《ひろひで》先生でした。運輸大臣や官房長官を歴任してきた博英先生が亡くなられ、ほかに有望な秋田出身の政治家はいないか、と伴次郎さんが目をつけたのが菅さんだったのです」

ある放送業界通がそう振り返った。石田の没年は九三年だから、少なくとも菅との交友は、菅の初当選した九六年以降だろう。二九年生まれの伴次郎にとって、四八年生まれの菅は二十近く歳が下だが、総務副大臣や総務大臣を務めてきた菅を大事にしたのだという。

折しも九〇年半ばに世界的な放送の自由化が始まり、二〇〇〇年代に入ると放送と通信の融合が取り沙汰されるようになる。伴次郎の率いる東北新社はそんな時代の波に乗り、衛星放送事業に乗り出した。東北新社が放送事業を始めるにあたり、大活躍した岡本光正《おかもとみつまさ》という取締役がいる。テレビの業界通が続ける。

「岡本さんは創業者の伴次郎さんの右腕として、総務省の窓口になってきました。新参の東北新社で衛星放送の許認可を獲得してきた立役者といえます」

岡本は囲碁・将棋チャンネルをはじめ、東北新社が進出した数々の衛星放送の事業認定を総務省に働きかけ、番組運営を切り盛りしてきた。この岡本の部下として、菅の長男、正剛が〇八年、実父の総務大臣秘書官を経て東北新社入りする。

正剛の入社した一年後の〇九年十二月、東北新社では囲碁・将棋チャンネルの前身である「サテライトカルチャージャパン」を買収する。子会社化して一〇年に囲碁・将棋チャンネルと社名を改め、岡本が社長に就いた。のちに菅の長男がこの重役に就いたのはすでに書いたが、この年八月の社名変更パーティには菅自身も飛んできた。

実は菅の長男が登場する一連の接待には、東北新社の岡本と創業一族との根深い確執が大きな影を落としている。先の業界通が次のように明かした。

「東北新社を創業した植村伴次郎さんは〇九年に長男の徹さんを社長に据えました。岡本さんをサポート役として徹さんのそばにつけ、いったんは徹・岡本ラインで経営を任せようとしたのです。ところが、肝心の徹さんが頼りない。不安に思った伴次郎さんが息子を見限った。代わりに博報堂に勤めていた二宮《にのみや》（清隆《きよたか》）さんを見込み、次女の婿にして社長を任せ、経営を継がせようとしたのです。それで、伴次郎さんは実の息子の徹さんと岡本さんを会社から遠ざけたのです」

植村家には長男の徹のほか、長女の綾《あや》、次女の五月《さつき》という三人の子供たちがいる。五九年四月生まれの娘婿二宮は〇〇年五月に博報堂から東北新社入りし、〇九年六月に専務となり、一九年六月には徹に代わって東北新社の社長に就く。この間の一八年六月、徹の腹心だった岡本が東北新社グループを去り、衛星放送協会理事に専念するようになった。

そして奇しくも、東北新社のお家騒動が起きたそのタイミングとときを同じくし、外資規制問題が持ちあがった。そこから正剛ら東北新社の新たな経営陣らによる総務省接待へとつながっていくのである。

正剛はもともと東北新社で岡本ラインのメディア担当者として働いてきた。たとえば上席常務執行役員の岡本が放送本部長とメディア事業部長を兼務し、正剛が本部の編成企画部長などを務めてきた。そして、総務省の折衝窓口だった岡本がいなくなると、東北新社メディアサービス社長や囲碁・将棋チャンネルの役員として、総務官僚接待の任を担うようになる。

“いいとこの子”だった総理夫人

菅義偉は親しい友人にもほとんどファミリーの話をしない。それゆえどのような親族がいるのか、番記者はもとより事務所の秘書たちでさえ詳しくは知らない。夫人の真理子《まりこ》についても、首相になって初めてようやくチラホラ報道がある程度だ。既報によれば、真理子は静岡市清水区に生まれたという。元自民党静岡県議の前澤侑《まえさわすすむ》は、真理子の実家、杉山家の事情に通じている。

「真理子さんは一男二女の三人きょうだいの真ん中です。父親の義勝《よしかつ》さんが食品卸の『杉山商店』を始め、父親が亡くなってから真理子さんの兄である由多加《ゆたか》さんが後を継ぎました。家がすごく裕福だったわけではありませんが、商売としては十分やっていけていたのでしょう。杉山家はとくに娘たちに対して教育熱心でした」

長女の真理子は家から電車で一時間近くかけ、静岡大学附属中学校に通っていた。前澤が説明する。

「普通は地元の公立中学校に通いますから、真理子さんはいわゆる〝いいとこの子〟です。真理子さんと妹の裕貴子《ゆきこ》さんはともに地元で一番の進学校である県立清水東高校に進みました。大学は真理子さんが静岡女子大学（現・静岡県立大学）で、裕貴子さんが国立の静岡大学。県内一、二の大学で、当時短大に通う女性がほとんどでしたが、姉妹ふたりとも優秀な四大に進んだのは、ご両親の教育熱心さのあらわれでしょう」

大学を卒業した後、真理子は県内のイチゴ農家の男性と結婚する。が、ほどなく離婚し、妹とともに横浜市選出の自民党代議士、小此木彦三郎の家で住み込みの家政婦となる。前澤がこう言葉を足した。

「小此木先生のところで働いていたのは裕貴子さんのほうが先でした。あるとき、お母さんと真理子さん、裕貴子さんの三人で、横浜元町で開かれた小此木事務所婦人会のバザーに出かけたらしい。そこで小此木夫人から『ウチの事務所で働かない？』と誘われたんだそうです。そのあと裕貴子さんは横浜の物流会社の社長と結婚した。今でも横浜に住んでいるはずです」

真理子は小此木の秘書だった菅と知り合い、二人は結ばれた。法政大学時代の同期生、寺田修一は結婚式にも呼ばれたという。菅のことをヨシと呼んで懐かしそうに語る。

「ヨシが小此木事務所に勤め始めてから、しばらくして真理子さんを連れ『今度結婚するんだ』と私のところに訪ねてきました。真理子さんはしっかりしていてヨシにはもったいない人です。結婚式は横浜の東急ホテルで行われました。来賓《らいひん》はほとんど政界関係者で、大学時代の友人は私一人くらい。結婚して一年経つか経たないかの時期に正剛君が生まれました。ヨシは朝早くから夜遅くまで家をあけていたから、真理子さんが一人で子育てをしていました」

菅家では三兄弟の長兄である正剛をはじめ、次男の雄輝、三男の達郎といった息子たちをみな横浜の神奈川学園精華小学校に入れている。精華小はいわゆる中学受験に特化した学習塾のような私立の小学校だ。ＨＰで過去五年間の進学実績を見ると、男子は栄光学園や開成、麻布、筑波大附属、女子はフェリス女学院や桜蔭、横浜共立学園といった有名中学がズラリと並ぶ。校訓は〈人のおせわにならぬよう　人のおせわのできるよう〉だ。同校のＨＰにはこう綴《つづ》られている。

〈人のおせわにならぬ子は、自主自律の強い心を持った子です。人のおせわのできる子は、愛他・相扶の情をそなえたやさしい子です〉

長兄正剛は「自助」をモットーとする精華小から逗子開成中学、高校へと進んだ。次男の雄輝は麻布高校から東大法学部、三井物産、三男の達郎は桐蔭中高から法政大、大成建設という道を歩んでいる。ある菅の知人が語る。

「菅三兄弟は親父から鉄拳制裁を食らいながら育ったそうで、正剛は一度、殴られて家を飛び出したこともある。ところが家を出て街を歩くと、どこまで行っても父親のポスターが貼ってある。逃げられないな、と観念して戻ったそうです」

川崎駅「カフェ出店」の理由

正剛が進んだ逗子開成は、東京の開成中高の神奈川分校として創立された名門校だ。そこまでは進学エリートといえる。ただし、当人はあまり勉強に身が入らなかったのだろうか、明治学院大学に進むと学生時代はロックンロールミュージックに夢中になる。いっときは、ＮＨＫ紅白歌合戦にも出場経験のある音楽ユニット「キマグレン」のメンバーだったとも周囲に話してきたようだが、実際は怪しい。メンバーの一人と共演した経験がある程度のようだ。精華小の同級生はこう話した。

「同期は、弁護士や医者、経営者がゴロゴロいる優秀な学年でしたから、菅のようなバンドマンは珍しかった。プロになりたかったかどうかはわかりません。彼はその後、川崎駅でカフェを始めました。僕らの仲間には、店に足を運んだ者もいます」

正剛は明治学院大学を卒業した〇三年、「セフブルーズ」なる有限会社を設立した。法人登記を見ると、設立は大学卒業直前の二月二十七日、目的欄には〈飲食店経営〉〈酒類の販売〉、資本金は三百万円と記載されている。本店の登記は当時、菅一家の住んでいた横浜市西区のマンションの一室だ。二十歳過ぎの若者が、大学を卒業する前にカフェを経営する会社を設立したことになる。

このセフブルーズの本店は〇六年十一月になって川崎市に移されている。移転先は川崎区駅前本町二十一―一、京急川崎駅西口側のビルの一角である。

菅が第一次安倍晋三政権で総務大臣に任命された二カ月後のことだ。つまり、正剛はこのときすでに大臣秘書官となっていた。菅本人は息子の秘書官起用について、「もともといた秘書がやめたから」「息子がフラフラしていたから」とその理由を述べてきた。正剛の飲食店経営についてはこれまで明かしてこなかったが、長男が京急川崎駅前でビジネスを始めようとしていたのは間違いない。

一方で、当の正剛本人が総務大臣秘書官になったためだろう、セフブルーズは京急川崎駅への本店移転と同時に、正剛に代わって実母の真理子が代表に就任している。登記上はそこからしばらく母親が社長になっている。

京急川崎駅の一角という一等地で、二十代半ばの若者とその母親がビジネス展開できたのはなぜか。その理由は、想像に難くない。京急グループと菅は、ＪＲと同じく菅が小此木の秘書時代からの古い付き合いだ。大物運輸族議員だった小此木のスポンサー人脈を引き継いだ菅は、国会議員になってからもＪＲや私鉄各社のバックアップを受けてきた。菅にとって京急は、今も最大の支援企業の一つに数えられる。京急は菅の肝煎りだった横浜カジノ構想における中核企業でもある。

横浜を中心に神奈川県内に路線を巡らせる京急グループは、駅ビルや付近のテナントの入居を管理している。正剛が京急の中核駅である川崎駅で店を構えることができたのは、父親の〝助け〟以外に理由が見あたらない。

「自助」の次に家族で助け合う「共助」を政策スローガンに掲げる菅は、ファミリーに甘い気がする。前に書いた三歳違いの実弟、秀介もまた、八〇年代の国鉄民営化後のＪＲ東日本東京駅に和菓子店を出店した。店の経営が立ち行かずに自己破産したあとは、ＪＲ子会社「千葉ステーションビル」の重役となる。息子といい、弟といい、大手鉄道会社とこれほどの強いキズナを持てたのは、菅抜きでは考えにくい。法政大学時代に菅の同期生だった寺田は秀介のことも覚えている。

「大学に入ってすぐにヨシと意気投合し、一年の夏に秋田の実家に泊まりに行きました。お盆休みの三泊四日ほど、ヨシの祖母やご両親、二人のお姉さん、弟の秀介君もいました。八月四日生まれのお母さんの誕生日を祝うため、秋ノ宮山荘に行ったり、役内川《やくないがわ》でヨシと一緒に釣りをしたり、湯沢市にある高松岳に登ったりしました。ヨシは本当に釣りがうまく、役内川の釣り大会で優勝したときの賞状を見せてもらいましたね」

寺田は大学時代、毎年のように秋田の菅家といっしょに夏休みを過ごしてきたという。その思い出は、秋田から単身上京し、家の援助もなくアルバイトをしながら法政大学を卒業したという、菅本人の語る苦学生のイメージとは、ずい分異なる。

「大学時代のヨシは授業にもほとんど出ていませんでした。本も一冊も読んでいませんでしたし、勉強をしている姿を見たことがありません。テストのたびに私のノートを見せてあげ、試験に出てきそうなところを教えていました。やがてヨシの住んだ大森の下宿に秀介君も暮らすようになり、ヨシがあまり部屋にいないので、むしろ秀介君と話すことの方が多くなっていきました。彼は慶大生で頭もよく、大学の話を聞いたりしていましたね」

その秀介が一七年、千葉ステーションビルの重役から外車ディーラーの「ジーライオン」グループ入りしたことはすでに書いた。ジーライオン社長の田畑利彦に厚遇され、グループ数社の取締役になる。田畑の長男の結婚式には、菅自身も駆け付けている。

ジーライオンの田畑はこの十年来、次々と他企業を買収し、いまやグループ七十七社を抱える企業に成長している。秀介は入社した翌二〇一八年四月、新たに設立された保険代理業「STホールディングス」の重役に就任。STホールディングスは新築されたホテルオークラ「プレステージタワー」のオフィスフロアに事務所を構えている。そこは田畑が代表を務め、秀介と田畑の妻も取締役として加わっている。二カップルの四人だけで取締役が構成されており、まるでオーナーの田畑と菅の実弟の会社のようだ。

正剛が担った大きな役割

一方、息子の正剛は第一次安倍政権が崩壊し、菅が総務大臣を退任するひと月前の〇七年七月、母親の真理子と入れ替わり、飲食店経営のセフブルーズ社長に戻った。父親の秘書官を辞めてセフブルーズの本店を京急川崎駅から横浜市西区の自宅マンションに移し、政界を去って〇八年に東北新社に入社したのである。会社そのものは東北新社の入社後も存続させてきたが、おそらく休業状態だったのだろう。一六年四月に清算している。

そうして東北新社に再就職した正剛は、衛星放送の外資規制問題に遭遇する。そのあと東北新社創業家の不幸も相次いだ。父義偉を支援してきた伴次郎が鬼籍に入ったのが二〇一九年十月のことだ。その四カ月後、娘婿の二宮は副社長から社長に就き、続いて二〇年四月には、長男の徹がコロナに倒れた。

「もともと東北新社の植村伴次郎さんは外国映画などの輸入、製作を通じて会社を大きくしてきました。とりわけシンガポールやオーストラリアの会社と提携し、番組を広げようという発想があったようで、それだけに外資とのつながりも深かったのでしょう。結果としてそれがアダになったのかもしれません。しかし、伴次郎さんが健在だったら、こんな事態を招いてはいなかったでしょうね」

そう説明して悔やむのは、前出したフジメディアHD相談役の日枝だ。信用調査機関によれば、二〇年末時点における議決権のある主な株主は、故・伴次郎の妻の持ち株二〇・七％を筆頭に、長男徹の一八・五％、長女綾と次女の二宮五月でそれぞれ一〇・五％の所有率となっている。これだけで六割を超える完全な同族支配だが、残りの株をみずほ証券などの金融機関や外資が所有してきたわけだ。

伴次郎の意向により、長男の徹、功労者の岡本が経営の一線から外され、代わって会社の舵《かじ》を握った娘婿の二宮が直面したのが、この外資規制違反だった。そこから総務省へ接待が繰り返されていく。その行為はあたかも法違反を誤魔化そうとしてきた工作のように映る。菅の長男、正剛が、そこで大きな役割を担っていたと見ていい。

自治省や郵政省が統合されてできたマンモス省庁である総務省の官僚の中でも、正剛の接待相手は、菅に気に入られ昇進してきた郵政系の幹部たちである。彼らは放送局の放送・通信行政を導いてきた。なかでも通信分野の総合通信基盤局長を経て総務審議官となり、事務方トップの事務次官を目前にしていた谷脇康彦、そしてのちに内閣広報官となる山田真貴子が注目だ。

ことに山田は霞が関における菅印の女性官僚の筆頭格として知られる。第二次安倍政権の発足半年後、女性初の首相秘書官に擢用された。霞が関の幹部人事を握る内閣人事局を使い、菅が彼女を押し込んだとされる。その山田は総務省に戻ると情報流通行政局長となり、総務審議官に昇進する。東北新社の植村伴次郎が亡くなった翌十一月、正剛と横並びで七万四千円の高級ステーキ会食を堪能《たんのう》していたことがクローズアップされた。彼女はこのとき情報流通行政局長として、囲碁・将棋チャンネルの事業継続認定をした張本人である。

ところが今度の処分では、なぜか囲碁・将棋チャンネルは総務省の処罰対象になっていない。五月に放送の事業認定を取り消されたのは、東北新社メディアサービスのBS「ザ・シネマ4K」一チャンネルのみだ。総務省は、現在放送している東北新社の八チャンネルのうち、それ以外のチャンネルは、そのまま放送できるとしたのである。そこについて、総務省に尋ねると次のような答えが返ってきた。

「今回、『シネマ4K』のみを取り消したのは、もともと東北新社本体が『衛星基幹放送事業者』として認定を受けていて、東北新社メディアサービスに継承された番組が『シネマ4K』のみだからです。（東北新社メディアサービスが放映しているCS『ファミリー劇場』など他の番組は）東北新社の子会社が認定を受けていたものを東北新社メディアサービスが継承したものですから、取り消しの対象にはなりません。また、囲碁・将棋チャンネルも東北新社が直接放送してきたものではありませんから、取り消しの対象から外れています」（情報流通行政局衛星地域放送課）

ファミリー劇場や囲碁・将棋チャンネルは、もともと子会社として放送してきたから、お咎《とが》めなしというわけだ。いずれも正剛が役員となり、放送してきた番組である。認定取り消しはあくまで東北新社本体の違反が理由で、グループの子会社他チャンネルは処罰の対象外という理屈のようだ。

しかし、法の趣旨からすると、それは道理に外れている。海外資本が株主議決権を握れば、放送電波を支配される恐れがある。放送会社の外資規制は、それを防ぐための法規定だ。仮に外資が親会社を支配し、子会社の放送を許されるなら、外資規制の意味がない。だからこそ民放各局はこの外資規制に神経を尖《とが》らせてきたのである。東北新社に続いてフジテレビの外資規制違反が発覚したが、大半の民放各社は外国から資本を調達していても議決権を与えず、外資比率を抑えてきた。それは、外資が親会社を通じて衛星放送子会社を自由にできないようにするためにほかならない。

つまり東北新社という親会社が外資規制に抵触すれば、それだけで子会社もアウトのはずである。だからこそ総務省は子会社への衛星放送の移譲を認めず、事業認定を取り消したのだが、他の子会社は許している。とどのつまり、ここにいたっても、脱法行為を認めているという以外にない。

大学時代に同居した三歳違いの実弟が破産したあとJR子会社の重役となり、大学卒業後に飲食店を経営しようとした長男は、秘書官を経て放送会社に再就職した。当の菅本人は偶然だとシラを切るが、実弟や息子を手の届く影響下に置いてきたに等しい。首相の天領とされる総務省をはじめ、高級官僚たちが首相の背後にいるファミリーの顔色をうかがう。菅は官僚の習いである〝忖度〟を巧みに利用し、親族に便宜を図ってきた。息子や弟は政官業における姑息《こそく》な菅利権の代理人に思えてならない。

第七章 新官邸官僚たちの暗躍

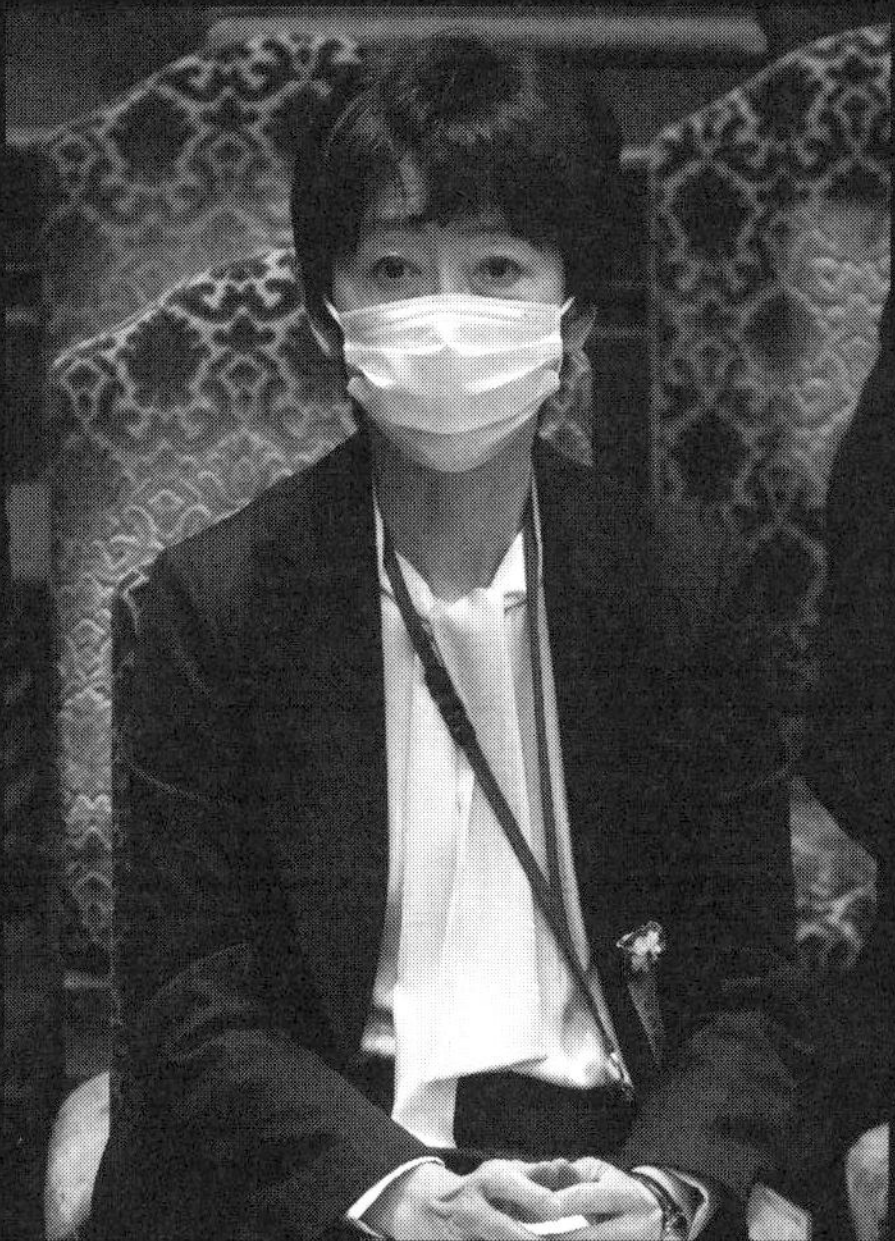

総務省審議官を経て内閣広報官となった山田真貴子。菅のお気に入り官僚だったが、7万円超の高級ステーキ接待を受けていたことが報じられ、辞任を余儀なくされた。（写真提供：時事）

イエスマンの持ちあがり秘書官

「官僚が、政権の決めた方向性に反対した場合、どのように対処しますか」

自民党総裁選渦中の九月十三日、フジテレビの番組で司会者からそう問われた菅は、答えた。

「私どもは選挙で選ばれているから、何をやるという方向を決定したのに、反対するのであれば、異動してもらう」

いつものように言葉足らずでややわかりづらいが、政策に反対した官僚には「異動してもらう」という過激な表現が大きくクローズアップされた。実際、菅は、気に入らない数多くの官僚を左遷させてきた。

第二次安倍政権で七年八カ月にわたって官房長官を務めてきた菅は、霞が関をグリップしてきたと評される。官房長官は政権ナンバー2として、すべての省庁の幹部官僚に睨みを利かす。とりわけ安倍政権で発足した内閣人事局は、各省庁の大臣が決定した幹部人事をひっくり返すこともできた。現実に菅が人事案を差し戻したケースもある。

それゆえ菅は、いかにも官僚組織に通じているように見られている。だが、必ずしもそうではない。周知のように菅の閣僚経験は、第一次安倍政権時代の二〇〇六年九月から

○七年八月まで務めた総務大臣と、第二次安倍政権の一二年十二月から二〇年八月までの官房長官の二回だけだ。閣僚は各省庁の幹部から相談を受けて、事務次官や審議官、局長を選ぶ。菅は政務官や副大臣の経験があるが、大臣経験に乏《とぼ》しいため、霞が関の官庁に広く人脈のパイプがあるわけではない。

官房長官は政権ナンバー2として人事の生殺与奪権を握り、絶大な権限を振るって恐れられる対象ではある。だが、それぞれの役所の内部事情や人事に深く入り込んできたわけではない。換言すれば、菅の本当に信頼できる懇意の官僚は限られている。

そのことを如実に物語る出来事が、菅政権における首相秘書官の人事ではなかろうか。秘書官人事は首相の意向が強く働き、そこには政権の特色があらわれる。

通常、首相には首席の政務秘書官一人と外務省、財務省、経済産業省、防衛省、警察庁の五省庁から一名ずつ内閣官房に出向する形で事務秘書官がつく。○八年九月に発足した麻生太郎内閣では、首席事務秘書官として総務省の出向者を加えた。また安倍は第二次政権になると、首席の政務秘書官に第一次政権時代の事務秘書官だった経産省出身の今井尚哉を起用し、のちに首相補佐官を兼務させる。その今井の秘書官補だった同じ経産省出身の佐伯耕三を史上最年少の事務秘書官に登用し、側近グループを形成してきた。首相秘書官には局長級かその一歩手前の幹部官僚が就任するのが通例であり、他の財務、防衛、警察の人事はそうだったが、参事官、課長級の佐伯の秘書官就任は異例でもあった。そこには、安倍と今井の佐伯に対する信頼の厚さがうかがえる。

自らの内閣で菅は、秘書官陣について、安倍政権時代の六人体制から一人増やして七人に増員する。外務、財務、経産、防衛、警察のほかに、コロナ対策を考慮して厚労省からも秘書官を出向させた。今井の務めてきた政務秘書官ポストには、懐刀である首相補佐官の和泉洋人の兼務説もあったが、それは見送って菅事務所の新田章文を起用した。

霞が関の官僚たちが驚いたのは首相の事務秘書官だ。事務秘書官六人のうち外務省の高《たか》羽《ば》陽《よう》、財務省の大沢元一、経産省の門松貴、警察庁の遠藤剛という四人が、官房長官秘書官からの持ちあがりで首相秘書官に就いたのである。ちなみに防衛省の増田《ますだ》和夫《かずお》だけは弾道ミサイル防衛システム「イージス・アショア」撤退の後始末があったため、安倍首相秘書官からの続投となった。

コロナ対策を担い、新たに加わった厚労省の事務秘書官だけは、持ちあがりではない。菅は八月まで官房長官秘書官だった岡本利久を外し、古手の鹿沼均《かぬまひとし》を起用した。鹿沼は第二次安倍政権発足当初の官房長官秘書官であり、再起用という形だ。その真意について官邸関係者はこう指摘した。

「岡本秘書官は一連のコロナ対策で菅官房長官の方針を戒めてきた。どうもそれが菅さんの気に障ったようです。それで菅さんが気心の知れた前の秘書官である鹿沼に替えたのでしょう。つまるところ他の秘書官の顔ぶれを見ても、みな菅さんのイエスマンばかり。菅さんは一度バツをつけると徹底的に嫌う傾向があるから、秘書官は菅さんの意に沿った意見を言う人に限られたような気がします」

つまりストレートな持ち上がりを含め、首相の事務秘書官六人中五人が官房長官秘書官上がりだったのである。好き嫌いの激しい首相だけに、各省庁も神経を使う。とりわけ外務省の菅に対する気の配りは徹底されているようだ。

「ふつう官房長官秘書官は二年単位で交代しますが、外務省は菅官房長官秘書官に次々とエース級を送り込んできた。第二次安倍政権当初の官房長官秘書官だった市川《いちかわ》（恵一《けいいち》）は、秘書官から総合外交政策局総務課長というエリートポストに就きました。その市川に代わり、河邉《こうべ》賢裕《やすひろ》が官房長官秘書官に就任した。河邉も同じように、その後、外交政策局総務課長になり、その後任の秘書官が高羽でした」

と先の官邸関係者。高羽は前述した持ちあがり秘書官の一人だ。

「外務省の彼らは官房長官だった菅さんを籠絡《ろうらく》し、菅さんも手放せなくなったのです。河邉は二〇一九年九月の人事で大臣官房参事官になり、首相秘書官就任も検討されたが、他の持ちあがり秘書官たちと歩調を合わせるために高羽を据えたのかもしれません」

安倍政権時代、外務省は首相の政務秘書官だった今井に外交を牛耳られてきた。忸怩たる思いが募ってきただけに、首相交代に際しては、いわゆる〝菅印〟の役人たちで固め、万全の布陣を配したと見られている。北米局長の市川、駐米公使の河邉、秘書官の高羽という三人で、官邸官僚から対米外交を取り戻そうと必死になってきたという。

その一方、ある高級官僚はこれらの人事配置について、「菅さんは自分の言うことに絶対に逆らわないイエスマンを傍に置きたかっただけだ」と切って捨てる。

「もはや好みの問題というほかありません。たとえば経産出身の門松は、東大の法学部や経済学部卒の事務官ではなく技官です。経産省は理工系の技官を多く採用するので、出世する技官も少なくないけど、彼は菅さんに引っ付いてうまくいった。菅さんは〇三年に経産政務官を経験、門松とはそのときに出会ったと聞いています。門松はそれ以来、個人的に菅事務所に通いつめ、縁をつないできた。菅さんにとっては可愛い若手官僚でしょうね。朝の散歩には門松を必ず同伴していて、菅さんの精神安定剤なんて呼ばれています」

門松は一九九四年三月に慶応大学環境情報学部を卒業し、四月に旧通産省入りした。中央官庁のなかで変わり種が多い経産官僚にあっても、珍しいタイプだ。菅は東大法学部卒業のエリート官僚に猜疑心《さいぎしん》を抱き続け、むしろ私大卒業組を重用してきた傾向もある。

もっとも参事官級（課長級）である官房長官秘書官と局長一歩手前の首相秘書官では、

入省年次がずい分異なる。各省庁の政策協議の中核を担う幹部官僚が首相秘書官として官邸にいるからこそ、それぞれの出身官庁との政策面のすり合わせもスムーズに運ぶ。しかし菅政権はそこを無視した。案の定、菅政権では霞が関が機能しなくなってしまった。

今井二世を期待された側近秘書官

二〇二一年の新年早々、驚きの人事があった。一月一日付で発令された首相の政務秘書官人事がそれだ。年を越えてなお感染者が爆発的に増え続けるコロナ禍にあって、菅首相が自らの政務秘書官に財務省出身の寺岡光博《てらおかみつひろ》を充てた。菅事務所から出向していた前任の新田章文が事務所に戻り、代わって財務官僚がそこに就いたことになる。政権発足三カ月あまりで政務秘書官を交代させるのは相当に珍しい。が、周囲を驚かせたのはそればかりではない。寺岡といえば、二年半前の二〇一八年、会員情報誌「選択」連載《罪深きはこの官僚》シリーズで〈寺岡光博（官房長官秘書官）もう一人の「無類のオンナ好き」〉（五月号）と報じられた曰《いわ》くがあり、すぐさま霞が関からその手の口さがない声があがった。内閣官房の幹部職員が言った。

「あのときは福田《ふくだ》（淳一《じゅんいち》）財務事務次官のテレ朝の女性記者に対するセクハラ不祥事が起き、まだいるぞと『選択』が寺岡のことを書きました。寺岡のセクハラ被害に遭ったと噂された新聞の女性記者もいたようで、政務秘書官という目立つ立場になると、それが蒸し返されるのではないかと取り沙汰されたわけです」

現に松の内も明けぬ七日発売の「週刊文春」（一月十四日号）がそのセクハラ問題を直撃し、当人は「そういう証拠があるんですか」と色をなして反論している。霞が関では、なぜ今になって寺岡を政務秘書官に抜擢したのか、とクビを捻るムキも少なくない。

首相の政務秘書官といえば、第二次安倍晋三政権時代の今井尚哉が強烈なインパクトを残した。立場上は霞が関の各省庁から派遣される五～六人の事務秘書官たちの上位にある。政務秘書官が首席秘書官、あるいは筆頭秘書官と称されるのはそのためだが、実際の政策については、霞が関から派遣された各省庁の事務秘書官たちが担ってきた。

官房長官時代からの持ちあがり首相秘書官の多い菅政権で、寺岡もまたその口だ。寺岡は前任の矢野康治現財務事務次官のあとを受け、二〇一五年六月から一八年七月までの三年、菅官房長官秘書官を務めた経験を持つ。菅の信頼する数少ない財務官僚の一人である。

本人は一九九一年三月に東大経済学部を卒業して旧大蔵省入りしている。役所における振り出しは国際金融局調査課で、〇一年七月に主計局主計企画官補佐となり、そこから財務省の本流である主計畑を歩んできた。主計局の若手官僚たちは大きく、公共事業と社会保障の厚労関係の予算をつくる担当に分かれ、寺岡はもっぱら公共事業予算に携わってきた。エリート財務官僚だ。内閣官房の幹部が続ける。

「公共担当の者は国交省の所管する道路や橋、空港をつくる事業予算づくりをするので、国交関連政策に強くなり、人脈も増える。寺岡と菅総理との接点は官房長官秘書官時代が初めてだと思いますが、そこで寺岡は観光庁のインバウンド政策づくりをやらされた。だから（デービッド・）アトキンソンなどとの付き合いも深い。寺岡は観光目的税による地方自治体の財源確保政策に手腕を発揮したと聞いています。なにしろインバウンドは菅さん肝煎りの政策ですから、そこで認められた寺岡は、個人的にメールでやりとりする関係になった」

寺岡は一八年七月に官房長官秘書官から古巣の財務省に戻り、主計官となる。今井たち経産省出身者が我が世の春を謳歌《おうか》する第二次安倍政権にあって、財務省に戻ってからもずっと官房長官である菅との関係を保ち続けてきた。

そして菅政権の誕生前夜である二〇年七月、内閣官房内閣審議官として官邸に復帰する。菅政権の発足とともにデジタル庁の新設や東京オリンピック・パラリンピック実施の基本政策を任されるようになった。

一方、「官僚には騙されない」と公言して憚《はばか》らない首相本人は、信頼できる側用人たちばかりを秘書官に選んだ。しかし肝心の政策面では、政権発足から三カ月が過ぎた頃から、その馬脚をあらわしていった。コロナ対策に象徴される混乱ぶりは見るも無残だ。首相の求心力が落ち、いわゆるハネムーン期間が終わると、内閣支持率が落ち込んだ。

そこへ、霞が関からもう一人、彼らを束ねる政務秘書官として新たな側用人が加わったのである。ある財務官僚がその意味についてつぶやいた。

「つまるところ菅総理は寺岡に安倍政権における今井さんのような役割を期待しているのでしょう。政策の前面に立たせ、霞が関の省庁はもとより、世間からの批判の矢を浴びながらでも、行政を進めていけると思ったのかもしれません。菅総理はコロナでさんざんな非難を浴びているから、寺岡にその盾になってもらおうとしたのだと思います」

とどのつまり寺岡は、菅政権で今井二世を期待されたようだ。

菅政権の〝秘書狩り〟

二〇年九月の政権発足時の事務所の若い政務秘書官をはじめ、事務の担当秘書官たちも参事官ばかりで年次が若い。古巣の出身官庁の意に反してまで政策を引っ張っていく力がない。九一年旧大蔵省入省の寺岡は、たとえば九四年旧通産省入省の門松より三つ年次が上であり、霞が関では格上だ。それだけに期待したのだろう。菅も初めから寺岡を政務秘書官に任命すればよかったように感じる。

だが、そうできない事情があった。寺岡自身、菅政権発足直前の七月に財務省主計局総務課から内閣官房審議官に昇進したばかりだった。菅も二カ月早々で異動させるのを憚ったのだろう。安倍から菅へと慌ただしく政権が移ったがゆえ、こんなところにも不都合が起きている。自ら首相として陣頭指揮を執れば、若い秘書官たちでも政策運営が務まるだろう、という驕《おご》りがあったのかもしれない。

七月におこなわれる各省庁の定期人事の時点で、すでに菅はポスト安倍を睨んでいたのだろう。まずは、自らに近い官僚たちで官邸を固めようとしたように見える。このときの人事では財務省出身の古谷《ふるや》一之《かずゆき》に替え、藤井《ふじい》健志《たけし》を官房副長官補に起用した。

安倍政権時代の財務官僚といえば、政務秘書官の今井に従って経産省寄りの政策を進めてきた、前事務次官の太田充や菅に近いとされた現事務次官の矢野が目立った。安倍政権下では、太田と矢野との確執も垣間見られたが、財務省内では古谷、藤井の存在はやや埋もれた感があった。

菅は政権をうかがうようになると、藤井、寺岡ラインに官邸の多くの役職を与えてきた。わけても寺岡は、内閣官房の「一億総活躍推進室次長」「働き方改革実現推進室次長」「人生百年時代構想推進室次長」「プレミアム付商品券施策推進室次長」「就職氷河期世代支援推進室次長」「全世代型社会保障検討室次長」と、六つの事業室でナンバー2の肩書を持ってきた。また、プレミアム商品券は消費税一〇％実施にともない、低所得の子育て世帯に割引商品券を販売する制度だが、寺岡は予算窓口となる内閣府の「プレミアム付商品券事業担当室次長」なるポストまで兼務してきた。

菅は政権発足後も藤井・寺岡という財務省ラインをフル活動させ、二人は重要政策を担っていった。経済関係官僚が説明してくれた。

「藤井、寺岡のコンビで目立ったのは、デジタル庁の設置でしょうか。杉田官房副長官をヘッドに組織を無からつくっていった。内閣官房には情報通信技術（ＩＴ）総合戦略室という組織があり、大林組元専務の三輪《みわ》昭尚《あきひさ》さんが室長になっていますけど、実務は二人がやらなければまわらない。デジタル庁は杉田、藤井、寺岡というラインで設置法案を作成し、さらにオリンピック・パラリンピックのスケジュールも組み立てた。そうして慌ただしくレールを敷いてきた。ですが、これからデジタル庁を立ち上げるのと、オリパラをやるというのはまた別の話で、この先必ずしもそこがうまく運ぶとは限りません」

杉田、藤井、寺岡ラインは政策の枠組みづくりを担い、そこはまずまず機能してきたという。しかし実際の政策となると、官邸ではＧｏＴｏキャンペーンをはじめ、コロナ対策で失政を繰り返した。そうして年末に向かい、内閣支持率が急降下していった。

「実は藤井、寺岡コンビの仕事が多すぎ、そこにデジタル化とコロナ対策が組み合わさってパンクしかけていました。それで、菅首相としては、寺岡をそのまま藤井副長官補付でやらしていていいのか、という結論になったのだと思います」

前出の経済関係官僚がそう官邸の実情を明かした。そこから菅が唐突に寺岡の首相秘書官起用という一手に打って出たというのである。経済官僚が言葉を足す。

「結局、官邸全体としてみた場合、政策がまったく機能してない。寺岡は和泉（洋人）首相補佐官からもコロナ対策であれこれ申しつけられ、それは菅総理自身もわかってきました。寺岡について総理はもともと政務秘書官に置くより、財務省の力を借りて官邸機能を強化しようとした側面が強かったのです。ところが、二階（俊博）さんとの関係でＧｏＴｏが批判され、支持率もがた落ち。加藤（勝信）さんでは菅官房長官のときのような乱暴なやり方で霞が関を黙らせることもできず、各省庁へのコントロールが利かなくなっていきました。で、総理はこの際、安倍政権のときの今井さんのような役割を寺岡に担ってもらおうと考えたのでしょう。寺岡自身、そういう押しの強いタイプでもありますからね」

もっとも霞が関ではこの寺岡秘書官人事も評判が悪かった。ことに財務省内では寺岡の政務秘書官抜擢を〝秘書狩り〟と呼ぶ。おまけに花の昭和五十七（一九八二）年入省組の今井に対し、平成三（一九九一）年入省の寺岡では若すぎて、霞が関をグリップできない。それはとうぜんの帰結だった。

お気に入り総務官僚「山田真貴子」

与野党とも意図して正鵠《せいこく》を外しているのだろうか――。そう疑いたくなるほど、議論の焦点が定まっていなかった。衆参予算委員会における野党追及の矛先が、菅義偉の長男からNTT首脳による総務官僚接待へと広がり、野党は「企業接待で行政が歪められた」と声を張り上げた。だが、接待はどこまで行っても問題の入り口に過ぎない。その背景に複雑に絡み合う政官業の人間模様を解明しなければ、不正の核心に迫れないのは自明だ。そんな政官業の利害関係者の中心はあくまで菅首相であり、そのまわりで総務官僚と企業がどのように動いてきたか、そこが焦点というほかない。

総務省は大臣、副大臣を経験してきた〝菅総理の天領〟と称される。ではその天領で首相の意を忠実に実行してきたのは誰か。たしかに東北新社の総務省接待によってその一端が明るみに出ている。さしずめ長男正剛らの接待を受けてきた四人組がそれにあたる。

問題の発覚した二〇二一年二月当時、次期事務次官の呼び声が高かった事務方ナンバー2の谷脇康彦総務審議官をはじめ、吉田眞人《よしだまひと》総務審議官、秋本芳徳《あきもとよしのり》情報流通行政局長、同局の湯本博信《ゆもとひろのぶ》官房審議官の面々だ。彼らはNTTからも接待を受け、それが懲戒処分対象ともなっている。が、総務省接待については、菅の長男というポイントを外すと問題の本質からずれる恐れがある。

そして、ことの核心に近づく鍵はもう一人、前内閣広報官の山田真貴子が握っている。霞が関における菅印の女性官僚の筆頭格として知られる彼女は、総務省時代に東北新社など放送会社を所管する情報流通行政局長を務め、総務審議官に昇進したあとの二〇一九年十一月、七万四千円の高級ステーキ接待を受けていた。この情報流通行政局ラインこそが放送行政を握り、東北新社に対応してきたといえる。〝接待四人組〟の秋本の後任として、国会で立ち回ってきた吉田《よしだ》博史《ひろし》情報流通行政局長は彼女の夫でもある。

二〇年九月の菅政権の発足と同時に内閣広報官に抜擢された山田は、日本学術会議会員の任命問題でも物議を醸した。NHKニュースウオッチ9のMCである有馬《ありま》嘉男《よしお》がこの件で菅に詰め寄ると、そのあと「総理は怒っていますよ」と同局の原聖樹政治部長にクレーム電話を入れたとされる。

また、菅政権発足後なかなか菅を記者の前に立たせなかった上、コロナの緊急事態宣言を解除した際も首相会見を開かず、広報対応でも、報道陣から評判が悪かった。そんなところへ、東北新社による接待問題が浮上したわけだ。当初、お咎めなしとしてきた菅政権だが、さすがに庇《かば》い切れず広報官の職を辞する羽目になったのはとうぜんといえる。

山田が最初に政界でクローズアップされたのは、第二次安倍晋三政権で女性初の首相秘書官として、鳴り物入りで官邸入りしたときだ。このとき広報担当の首相事務秘書官となる。政務秘書官を除く、内閣総理大臣に仕える五〜六人の事務秘書官は出身官庁から内閣官房に派遣される。それぞれに担務が与えられ、従来、メディアの窓口である広報担当には、経産省出身者が就いてきたが、山田のように総務官僚が就いたのも珍しい。

総務省で課長級の情報通信国際戦略局参事官だった彼女は、第二次安倍政権発足から半年後の二〇一三年六月に経産省大臣官房のＩＴ戦略担当審議官に起用され、そのわずか五カ月後の十一月に首相秘書官に任じられた。一時的に経産省に籍を置いたのは慣例に従い、官邸でメディア対応をさせるためだろう。これもまた官房長官だった菅人事だと評判になったものだ。それまで広報担当の事務秘書官を務めてきたのは、経産省出身の柳瀬だったが、柳瀬はその任を解かれ、山田に譲った格好でもあった。

内閣総理大臣執務室の隣にある秘書官室の大部屋では、それまで筆頭・政務秘書官の今井を含めて六人の秘書官が机を並べていた。そこに首相の事務秘書官として山田が加わり、七人体制となる。女性初の首相秘書官という人事について、政官界では今井と柳瀬の不仲のせいだという説まで流れた。だが、官邸の関係者によれば、事実は異なるという。

「今井、柳瀬の不仲説の根拠は、もともと第一次政権でスピーチ原稿や答弁を用意し、メディア対応をしてきた今井が、後輩の経産官僚である柳瀬に任せたくなかった、という話でした。ただ今井にとって柳瀬は経産省の仲間でもあり、原発推進などエネルギー政策でも考え方が一致している。少なくとも今井と柳瀬ではだいぶ格が違うので、今井が柳瀬と仲たがいして山田真貴子を新たな広報担当に据えたわけではない」

一方、もともと官僚にありがちな東大卒のエリート臭さの嫌いな官房長官の菅は、早大出身の女性総務官僚である彼女を高く買って重用してきた。

「山田の抜擢人事は、菅さんが内閣人事局を牛耳る官房長官として『女性登用は安倍政権の目玉人事にもなる』と秘書官に押し込んだものです」（同前・官邸関係者）

もっとも、いざ彼女が秘書官に就任すると、官邸における周囲の目は彼女の仕事ぶりに厳しかった。とりわけ政務秘書官の今井は、初の女性秘書官を受け入れようとしなかった。

山田追放で事件の幕を閉じようと

東北新社の総務官僚接待におけるキーパーソンである山田は、一三年十一月から一五年七月まで第二次安倍政権で広報担当の事務秘書官を務めた。一年半という中途半端な任期で官邸を去ったのは、今井との確執が理由だとされた。先の官邸関係者が官邸の内実を解説してくれた。

「山田真貴子自身、広報担当者としてけっこう仕事がいい加減でした。だから彼女の上司にあたる今井が腹を立てるのも無理なかったかもしれません。もともと今井は部下に高圧的に命令するタイプだし、第一次安倍政権では自分自身が広報担当秘書官として総理の会見やスピーチを任されてきたので、彼女を見てイライラしたのでしょう。かなりきつくあたっていました。秘書官が机を並べる大部屋であからさまに山田を怒鳴る。今井は立て板に水のようにまくし立てるので、彼女はとてもじゃないけど言い返せませんでした。今井に叱られ、よく泣きじゃくっていました。しまいに山田は仕事をとりあげられ、他の秘書官と会話するでもなく、ただ秘書官室でボーッとしていました」

山田はもとより、彼女を首相秘書官に押し込み、官邸でバックアップしてきた官房長官の菅にとっても痛恨の思いであったろう。菅は一五年七月二十八日、自らの官房長官会見で、首相秘書官の交代人事を発表した。

官邸は山田に代わる広報担当の事務秘書官に経済産業省貿易経済協力局長だった宗像直子を起用した。このとき国家戦略特区を担当してきた柳瀬もまた、山田とともに事務秘書官の任を解かれている。山田は総務省、柳瀬は経産省、といずれも古巣に出戻り、今井を含む政務・事務の首相秘書官は七人から六人に戻った。柳瀬は加計問題で汗をかいてきたが、この直前の六月、獣医学部の新設を検討する旨の閣議決定にこぎ着け、お役御免となったかっこうだ。

山田に次いで史上二番目の女性首相秘書官となった経産官僚の宗像に触れておくと、彼女もまた菅印と目されてきた役人の一人といえる。菅が政策の師と仰ぐ竹中平蔵とともに、国家戦略特区における〝農地解放〟に貢献し、その名を高めた。竹中は国家戦略特区諮問会議の有識者議員として、農地法に基づき農家や農業法人に限られてきた農地保有を、一般の民間企業にも解禁すべきだと提唱。小泉純一郎政権以降、徐々に進めてきた〝農地解放〟を一挙に進めようとした。

農水省や自民党の農水族議員たちはこの竹中案に真っ向から反対し、地方創生担当大臣だった農水族議員の石破茂も慎重姿勢を崩さなかった。すると、竹中は経産省の宗像に国家戦略特区の法案づくりを任せた。農地法の網をすり抜けるための特区構想だ。これに首相の安倍が乗り、石破や農水官僚が押し切られた。加計学園問題の獣医学部新設の国家戦略特区と似たような構図といえるが、こちらは菅・竹中・宗像ラインの政策だ。

話を山田真貴子に戻す。首相秘書官を辞した彼女は、情報通信国際戦略局長として総務省に戻った。首相秘書官は局長一歩手前の官僚が就くので、これもまた菅が彼女の経歴に傷をつけないよう配慮し、局長に昇進させた人事に受け取れる。

山田はそこから一六年六月官房長、一七年七月総務省情報流通行政局長、一九年七月に総務審議官へと駆け上っていく。総務審議官は事務次官に次ぐ総務省ナンバー2であり、これもまた女性初の出世である。彼女が復権できた理由は念を押すまでもないだろう。

そうして二〇年九月に菅政権が発足するや、彼女は再び官邸に招聘《しょうへい》された。新たな官邸の主となった菅にとっては、身内のような感覚で傍に置きたかったのかもしれない。山田は総務省を退官し、内閣広報官という特別職に任命される。そこで菅の長男正剛による接待問題が浮上したのである。

接待問題が浮上した当初、総務省は退官して特別職にある彼女を処分できず、首相の菅もまた厳重注意で済ませようとした。一時は彼女自身も国会で広報官の続投を表明した。だが、さすがにそれでは世論がおさまらず、彼女は給与の自主返納を申し出て、病気入院して国会への出席を拒否、ついに広報官を辞任した。菅がすぐに彼女のクビを切ろうとしなかったのはなぜか。それは単なる〝お気に入り〟という理由だけではあるまい。

東北新社に勤める菅の長男による総務官僚接待には、放送事業者の外資規制違反という問題が背景にある。折しも、その法違反が浮上したあと、東北新社による接待が繰り返されるようになる。

放送法では、テレビやラジオの放送事業者ならびにこれらを傘下に持つ放送持ち株会社の株式について、外国資本の議決権比率を二〇％未満とする規定を設けている。国民の共有財産である放送電波が外資によって自由にされる危険を踏まえ、その持ち株が二〇％以上になれば放送事業認定を取り消さなければならない、と定める厳しい条文である。

東北新社やフジ・メディア・ホールディングスといった放送局の持ち株会社はこれに違反していた。わけても東北新社の違反を報告したときの情報流通行政局長が山田真貴子であり、彼女はそれを見逃して公表もせず、東北新社の子会社の放送事業の継続を認定した。そしてことが発覚すると病院へ逃げ込んだ……。総務省、官邸ともに、山田の官邸追放で事件の幕を閉じようとしているかのように見える。

第八章 政治と芸術、そしてビジネス

大手飲食店紹介サイト「ぐるなび」創業者の滝久雄。菅首相の古くからの後援者として知られる。（写真提供：時事）

スポンサーが文化功労者

「まるでお手盛りの文化功労者」

口さがない永田町雀のなかには、そう辛辣に揶揄する者もいる。インターネットの大手飲食店紹介サイト「ぐるなび」の創業者で、今も会長を務める滝久雄の文化功労者選定が、斯界《しかい》の文化人や芸能関係者より、むしろ政界で評判になった。

〈ペア碁創案者の滝久雄 日本ペア碁協会名誉会長がこのたび、長年にわたりペア碁の普及、パブリックアートの普及、「1％フォー・アート」の提唱、食文化の振興など文化・芸術活動に多大な貢献を果たしたとして、2020年度（令和2年度）の文化功労者に選ばれました。

文化功労者の制度は1951年（昭和26年）に制定されました。日本の文化の発展に功績顕著な方々を顕彰するものです〉

二〇二〇年十月二十七日付ホームページ〈ニュースページ〉で、ぐるなびはそう鼻を高くしている。パブリックアート、「1％フォー・アート」への貢献といわれ、なるほどと頷《うなず》く人は、よほどの物知りではなかろうか。滝が理事長を務める公益財団法人「日本交通文化協会」のHPによれば、次のような意味らしい。

〈「1%フォー・アート」とは公共建築の建設費の1%を、その建築物に関連・付随する芸術・アートのために支出しようという考えです。最初に法制化したのは1950年代のフランスで、60年代になると他のヨーロッパ諸国やアメリカでも採用されます。アメリカの場合、狭い芸術・アートに限定せず、演劇、ダンスなどのパフォーマンスも対象となっています。近年はアジアにも広がり、韓国、台湾で法制化されました。「1%フォー・アート」は「パブリックアート」と密接に関連しており、「1%フォー・アート」はパブリックアートの振興・普及の大きな原動力となります〉

　文化功労者への選定は、その「法制化を働きかけた貢献」が文化庁に認められたという話になるのだろう。だが、政界ではそうは受け止められていない。

「お手盛り」の声があがる理由の一つは、滝が菅の古くからの後援者であり、首相就任からひと月半というタイミングのよさからだ。

　滝久雄は太平洋戦争前夜の一九四〇年二月、東京に生まれた。都立小山台高校から東京工業大学理工学部機械工学科に進み、六三年四月にいったん三菱金属（現三菱マテリアル）に入るが、六七年六月には実父の富司太郎《ふじたろう》が経営していた「交通文化事業株式会社」（現エヌケービー）に入社する。滝は二代目経営者であり、日本交通文化協会も父親から引き継いだ財団法人である。古くから滝を知るある実業家は次のように説明してくれた。

「交通文化事業といえば何となく聞こえがいいけど、事業は鉄道の駅にある広告看板の製作および設置でした。父親の冨司太郎が旧国鉄時代からJR東日本に食い込んできた。駅のベンチの背にある金属製の看板があるでしょ。牛乳とか、石鹸とか、そんな看板広告を一手に引き受けて駅に置いていたんです。その事業を引き継いで大きくしようとしたのが、息子の久雄だったわけです」

当の滝本人は七五年十二月にエヌケービーの専務となり、父親の死後の八五年には社長に就任した。そこから名実ともに会社を切り盛りしていくようになる。滝はJRの広告事業とともに会社を大きくしていった。そしてJRの事業が縁で菅と知り合った。

菅は滝がエヌケービーの専務になるより一足先の七五年四月、神奈川県横浜市を地盤とする自民党衆議院議員の小此木彦三郎事務所入りし、政界の道を歩み始めた。菅が秘書として仕えた小此木が横浜市議から国政に転じ、運輸政務次官や衆議院運輸委員長などを歴任したのは前述した通りだ。小此木は中曽根康弘の腹心として行政改革や国鉄分割民営化に取り組んだ。国鉄長期債務特別委員長を務め、安倍晋太郎《しんたろう》派の三塚博《みつづかひろし》や加藤六月《かとうむつき》らとともに「国鉄三羽烏」の異名をとった中曽根派の大物運輸族議員である。

菅は七五年から十年あまり小此木事務所で働いた。その頃、小此木の秘書は七～八人ほどおり、それぞれが旧国鉄、私鉄各社の担当となってきたという。折しも菅の小此木事務所時代の後半は、旧国鉄が分割民営化を控えていた頃にあたる。菅は八四年に小此木通産大臣の秘書官に抜擢され、分割民営化される前の旧国鉄担当となり、そこから頭角を現していく。分割民営化初年度の八七年四月には、小此木事務所を飛び出し、横浜市議として初当選する。

かたやコンピュータによる情報技術を学んだ東工大卒の滝は、父親の事業を継いだあと、自ら「情報伝達メディアの創出」を社業として掲げた。折しも、中曽根の電電公社民営化とともに通信回線が自由化されると、結婚式場などのブライダル情報を提供する端末「JOYタッチ」を開発し、東京駅構内の「銀の鈴」広場に設置する。この頃の菅と滝との関係について、先の実業家はこう言った。

「もとは小此木代議士が滝親子と付き合いがあったのでしょうが、小此木事務所で旧国鉄担当秘書となった菅は、そこで滝と知り合ったのかもしれません。少なくとも横浜市議時代には二人は関係があり、菅は国政に打って出たあとにも彼をスポンサーにしていました」

ぐるなびを救った楽天

九六年一月、ヤフージャパンなどが創業され、日本にインターネット時代の幕が開くと、滝は六月、飲食店の検索サイト「ぐるなび」を開設する。そして菅はこの年の十月、衆院に初当選した。

ちなみに滝の率いるエヌケービーでは初当選した九六年から二〇一二年のあいだ、菅の資金管理団体である「自民党神奈川県第二選挙支部」と「横浜政経懇話会」に二百八十万円を献金している。また、菅と昵懇《じっこん》だった元TBSのジャーナリストが一六年に会社を辞めると、エヌケービーの関連企業が月額四十二万円もの顧問料を支払ってきた。

滝はこの一六年の四月、観光情報サイト「LIVE　JAPAN」を立ち上げる。これが、菅の肝煎りで観光庁が推進してきたインバウンド・訪日外国人政策をあて込んだ事業だった。滝のある知人はこう話した。

「滝氏はぐるなびと同時に『ぐるたび』という旅行情報サイトも立ち上げており、LIVE　JAPANはまさにその流れに沿ったビジネスでしょう。滝氏はずっと政策の時流に乗って商売をしてきたのです」

黎明期《れいめいき》からインターネットビジネスを展開してきたぐるなび創業者の滝は、デジタル庁の新設を旗印に掲げる首相の菅にとっても、心強い相談相手に違いない。飲食店紹介サイトを展開した滝は順調に業績を伸ばしてきた。ピーク時の一七年三月期には、連結純利益で四十七億円の黒字を弾きだしている。

もっとも、そこから先の経営状態は決して順調とはいえない。原因は個人SNSインスタグラムの普及により、飲食サイト情報の価値が失われたことにあるとされる。すでに一九年五月時点で、二〇年三月決算期の赤字転落を覚悟しなければならなくなる。赤字幅を三十五億円の見通しだと発表した。

そんなぐるなびの苦境を救った同業者がいる。楽天社長、三木谷浩史である。

会員数千七百万人ほどのぐるなびに対し、楽天会員は優に一億人を超える。三木谷は一八年三月からぐるなびポイントを楽天ポイントに交換できるようにし、この年の夏から資本提携を進めてきた。そして創業者の滝久雄の保有株を一部買い取り、滝個人を除き楽天が議決権ベースで一五％を出資する法人の筆頭株主となる。滝自身は今も会長として残っているが、一九年六月、楽天の共同創業者である杉原章郎《すぎはらあきお》がぐるなびの社長に就いた。現在、楽天は滝個人を抜いて、名実ともにぐるなびの筆頭株主となっている。

三木谷もまた菅の有力なブレーンの一人だ。自民党総裁選以降、菅が提唱している携帯電話料金の引き下げ政策が、三木谷直伝とされるが、それよりずっと以前から二人はタッグを組んできた。

たとえば菅が第一次安倍晋三政権で総務大臣として初入閣した〇七年の「通信と放送の融合政策」のときもそうだ。ネット業者として民放のＴＢＳに提携を呼びかけた三木谷に対し、菅は「日本の将来を考えれば、通信と放送の融合法制が必要だ」と電波法や放送法、電気通信事業法など九本に分かれている通信・放送関連法を「情報通信法」として一本化したいと後押しした。

第一次安倍政権があえなく崩壊したため、楽天の放送事業への参入は果たせなかった。が、第二次政権になると、三木谷は産業競争力会議のメンバーとして復活し、医薬品のネット販売を掲げた。それが安全性の面などからとん挫すると、次に打ち出したのが、四番目の携帯電話業者としての新規参入である。

いまや菅、滝、三木谷は持ちつ持たれつの関係を築いている。先の実業家が明かした。

「ぐるなびの滝と三木谷を引き合わせたのは、東急電鉄の野本弘文《のもとひろふみ》会長です。東急は菅首相の後援者でもあるが、滝とはもっと縁が深い。東急グループ創業者の五島慶太《ごとうけいた》が滝の父親の面倒を見てきたおかげで、今のエヌケービーやぐるなびがあるのです」

菅政権では、支援者たちが複雑な人脈ネットワークを経営し、政策の波に乗ってそれぞれが潤っている。コロナ禍のＧｏＴｏキャンペーンがまさにそうだ。ぐるなびがＧｏＴｏイートで息を吹き返し、楽天はＧｏＴｏトラベルのメインプレイヤーとなっている。

ＧｏＴｏ前倒しの舞台裏

前にも述べたが、コロナ禍の景気対策として打ち出したＧｏＴｏキャンペーンは、「トラベル」「イート」「イベント」「商店街」という四事業がある。全国の飲食店の救済を目的としたＧｏＴｏイートでは、紹介サイトであるぐるなびが、そのうま味を得ている。

今井たち経産省出身の官邸官僚の発案だったＧｏＴｏキャンペーンの取り扱いが、電通から四省庁に分割された。それも滝にとっては好都合だった。ある農水省の関係者はこう首を傾《かし》げる。

「取り扱い窓口だった電通が、二〇二〇年六月一日になって降りてしまい、菅官房長官の指示で所管官庁それぞれで対応することになりました。ＧｏＴｏイートは農水省が対応することになり、まずぐるなびにヒアリングをしろと指示されました。で、六月十日頃、ぐるなびから話を聞き、ＧｏＴｏイートもトラベルと同じように、いったんは七月の夏休み前から始めようとなったのです」

ところが、そこから事態が急変する。原因が菅と東京都知事の小池百合子《こいけゆりこ》とのバトルだ。二人は、小池が都知事選に出たときに、菅が官房長官として元自治官僚の増田寛也《ますだひろや》をぶつけて以来、犬猿の仲とされる。コロナ対策でもことごとくぶつかり、菅は陰に陽に小池批判を繰り返してきた。農水省関係者が言葉を加える。

「ＧｏＴｏトラベルと同じくＧｏＴｏイートも、当初は全国でいっせいにスタートさせる予定でした。だが、菅対小池の対立の末、官房長官が七月二十日になって、ＧｏＴｏキャンペーンから東京を外すと言い出したのです。それで困ったのが、ぐるなびなどの紹介サイトでした」

いったいどういうことか。

「ＧｏＴｏイートの割引は大きく、紙の食事券発行とサイト予約のポイント付与の二種類があります。紙なら東京都を外しても全国共通食事券を都道府県ごとに自治体発行のそれにすればいい。しかしネット予約の場合、ポイントを獲得した東京の人が全国どこでもそれを使えることになる。だからネットの紹介サイトはシステムを変更しなければならなくなるのですが、それではぐるなびに負担がかかる。そうしてイートだけは東京を加えるまで待とう、となったのです」

とどのつまり、菅が東京都と揉めたせいで、事業のスタートが遅れてしまったというのである。もともとＧｏＴｏそのものに無理があるが、苦しいのは旅館も飲食店も同じ、受け皿となるサイトの都合で救済策が遅れてしまうのでは、本末転倒も甚《はなは》だしい。

結果、ＧｏＴｏキャンペーンはトラベルだけが前倒しされた。コロナ対策の政策運営で主導権を握った菅は内閣総理大臣に昇りつめ、秋になってＧｏＴｏイートを始めた。

念を押すまでもなく菅が旗を振ってきたＧｏＴｏイートは、コロナで苦境に陥った全国の飲食店の救済を目的とした景気対策だ。コロナ禍で飲食業がピンチになるなか、飲食店紹介サイトもまた経営難に喘《あえ》いだ。わけてもぐるなびは、二〇二〇年九月中間決算が前年四億円の黒字から五十四億円の最終赤字に転落した。ＧｏＴｏイートはいわば、サイトの救済策でもあった。飲食店の予約・来訪者に対し、全国の自治体が発行する紙の食事券のほか、ネットのオンライン紹介サイトがポイントを付与する。利用者にとっては値引きのようなもので、どちらも税金で賄われる。

政策を所管する農水省のＨＰを覗くと、ネットのポイント取り扱い業者として、ぐるなびを先頭に、食べログ、ヤフーロコなど十五社のサイトがズラリと並ぶ。ポイントの取り扱い窓口になれば、運営サイトには漏れなく手数料が入る。事実、ＧｏＴｏはぐるなびにとって、文字通り干天の慈雨となった。

ＧｏＴｏイートは十月一日から始まった。そこから十四日までの二週間のぐるなびのネット予約の利用件数は、九月の三・六倍に急伸する。前年同期と比べても二・五倍となり、ぐるなびの売上げは急回復した。まさにＧｏＴｏさまさまというほかなかった。

菅政権の船出は順風満帆に思えた。反面、政権の発足早々、日本学術会議の任命拒否問題が持ちあがり、文化功労者選定を巡っても、ある疑念が燻っていた。

「まさか、それで文化功労者なんて」

毎年十一月三日の文化の日を前に、文化勲章の受章者と文化功労者が選ばれる。ぐるなびの滝は、その栄誉に輝いたのだから喜ぶのはさもありなんだ。が、永田町や霞が関ではそこに首を傾げる向きも少なくない。

ぐるなび会長の滝は公益財団法人、ペア碁協会の名誉会長として普及に貢献したという。それが文化功労者選出の大きな理由の一つに違いない。その選考への疑問もさることながら、政官界で疑問視される理由は別にある。それが首相の菅義偉との距離感だ。

滝は政界で昇りつめる菅の歩みと同じくし、事業を拡大してきた。ペア碁を発案し、囲碁の振興に力を入れたのは、囲碁好きで知られるＪＲ東日本の二代目社長、松田昌士に取り入るためだったとも言われる。一方の菅もまた、ＪＲを支援企業としてきた。棋士たちの多くは滝を、囲碁の総本山である日本棋院に絶大な力を及ぼす、斯界の大立者とあがめている。

そんな滝が、菅の首相就任後すぐに文化功労者に選ばれたのだから、評判にならないわけがない。政官界では菅の政治力による選定と囁かれてきた。おまけにその文化功労者の選定を巡り、当の本人に関する重大な事実が発覚した。旧国鉄が民営化される少し前の八五年、滝自身が国鉄幹部に対する贈賄容疑で逮捕されているのである。その事実を文科省やその関係者に伝えると、一様にこう絶句した。

「えっ、まさか。それで文化功労者はありえないでしょう」

七十年の歴史を誇る文化功労者は、文化功労者年金法第二条に基づいて文部科学大臣が決定する。いったん文化功労者になれば、三百五十万円の年金が生涯支給される。税金で賄うその年金予算は年間ざっと八億円におよぶ。学術や芸術分野の功績著しい者に与えられる栄誉だ。

通例では、音楽や美術、文学や芸能に携わってきた第一人者たちが紫綬褒章《しじゅほうしょう》を受け、そのなかから文化功労者に選出される。文化功労者は文化勲章受章の有資格者となり、数年後にはそこに到達する。

文字通り文化人の栄誉だけに、本来、選考は政治色を排除する形になっている。問題になった学術会議の仕組みとよく似ており、第三者機関の文化審議会文化功労者選考分科会の推薦によって決まる。

分科会は文科省と文化庁が選んだ学術と芸術の十二人の有識者で構成され、毎年九月の初旬に発足する。分科会選考委員の任期は一年限りで、事実上、十一月の文化の日まで、二回の審議が任務となる。分科会の委員は大学教授や作曲家、作家など広範囲にわたり、審議はいっさい非公開となっている。文化功労者決定後も、審議内容は明かされない。もっとも、有識者の推薦だから政治力が働かないか、といえば、必ずしもそうとは限らない。それが、分科会の委員そのものの選任に政治が介入するパターンだ。

分科会委員の選任は閣議決定事項であるため、まずは委員の顔ぶれを官邸に報告しなければならない。そこに政治力の働く余地がある。元文科事務次官の前川喜平は、まさにその類の体験をしたという。

「私がかかわったのは次官だった二〇一六年です。馳浩《はせひろし》文科大臣の了解をもらい、杉田和博官房副長官に分科会委員のリストを提出しました。そこで杉田さんは官房長官の菅さんと相談したのでしょう。リスト中の二人を差し替えろという。ダメ出しをされた一人は安全保障関連法案に反対する学者の会のメンバーで、もう一人は文化人だった。その人が拒否されたのは、雑誌に政権批判的なことを書いていたという理由でした。すでに大臣のOKをとっているのに、好ましからざる人物だから外せと言われたわけです」

これも官邸人事の典型だ。分科会委員を意中の人間に差し替えれば、文化功労者の人選を操ることができる。前川が言葉を加えた。

「この類の政治介入は毎年ありました。誰かを文化功労者から外せというより、特定の人を功労者にしてあげて欲しい、という政治の世界からの圧力です。そのため文科省の担当部局では、候補者のマル政リストを作っていました。さらに分科会の委員には文科省や文化庁のＯＢが一人入り、政治と文化のあいだの調整役を果たしてきたのです」

菅政権の発足間もない昨秋の文化功労者選定は、究極の政治介入なのかもしれない。

分科会の委員候補者は例年八月の後半、唐突に文科省から電話で就任を打診される。了承すると、文科省職員が説明に訪れ、参考資料が送られてくる仕組みになっているという。分科会委員の一人はこう打ち明けてくれた。

「委員によってそれぞれでしょうが、私の場合は文科省の人から今回はこういう方針なので、〇×さんの推薦人になってもらいたい、という感じでしたね」

委員たちは文科省から届いた文化貢献者に贈られる紫綬褒章の受章者リストなどを参考にし、あらかじめ指示された候補者を推薦するパターンが多いという。推薦枠は一人あたり二名となっている。ただし、誰が誰を推薦したのか、そこも非公開だ。

「どなたが滝さんを推薦されたのか覚えてないけれど、強く推薦される方がいらっしゃいました。今回は文科省の人が、芸術家だけじゃなくもっとすそ野を広げ、ＩＴやいろんな人を文化功労者に選んでほしいって言っていました。たしか滝さんはパブリックアートという新しい文化を作った方で、私も別におかしいとは思いませんでしたしね」

分科会委員を務めた作家の林真理子《はやしまりこ》はそう振り返った。別の委員に聞くと、こう言う。

「昨（二〇二〇）年の分科会委員長は一橋大の蓼沼《たでぬま》（宏一《こういち》大学院教授）さんで、副委員長が澤《さわ》（和樹《かずき》東京藝術大学学長）さんでした。分科会は学術、芸術、それに近年新たに社会貢献分野の小委員会が加わった。委員はそれぞれに専門があり、二人ずつ推薦して全体で二十四人がリストアップされ、四人が落ち二十人に落ち着きます。それぞれの委員たちは自分の専門以外の分野は門外漢ですから、会議が紛糾《ふんきゅう》することもありません」

実はぐるなび関係者によれば、滝の推薦人は澤本人だったという。分科会副委員長の澤は芸術分野の小委員会委員長でもあり、なぜか滝は芸術部門から選出されている。その選出にいたるまでには、いくつかの布石が打たれ、怪しげな菅政権の思惑が見え隠れする。初手が法改正である。

〝共助〟トライアングル

第二次安倍晋三政権下の二〇一七年六月二十三日、文化芸術振興基本法が改正されて法律から「振興」の二文字がとれ、文化功労者の選定方針が大きく変わった。文化芸術基本法が施行されて従来、文化芸術そのものの振興の功労者に限られていた選考対象が、観光など関連分野の活動に広がった。これ以降、選定対象者に企業経営者が加わるようになったのである。元文科事務次官の前川は、そこにいたく違和感を覚えている。

「一八年が文化功労者に経済人が選ばれた最初でした。この年に資生堂の福原《ふくはら》（義春《よしはる》名誉会長）さんやキッコーマンの茂木《もぎ》（友三郎《ゆうざぶろう》名誉会長）さんが選ばれ、翌一九年が競艇の笹《ささ》川陽平《かわようへい》（日本財団会長）さん。これまでの長い歴史の文化勲章、文化功労者の該当者とぜんぜん違うタイプの人たちですから、そこには政治的な意図があったと思います」

一八年の分科会の委員には、資生堂社長の魚谷雅彦《うおたにまさひこ》が加わっている。驚いたことに、社長が自社の創業家の人間を推薦しているのだ。前川が言う。

「まあ、福山さんや茂木さんはたしかに企業メセナ（芸術文化振興による社会創造）の中心的な経営者ですから、まだわかるとしても、それで三年目になると、滝さんでしょ。ペア碁の普及が選考理由の一つに挙げられていますけど、それほど日本国民に普及しているでしょうか。文化の功労者なのか、そこには疑問を持ちます」

疑問は、ぐるなびの滝が文化功労者として適任かどうか、そこに尽きるのだろう。滝は一八年に東京藝大や東工大など三校に合計五十億円もの私財を寄付している。大学側では〈（国際交流拠点建設）資金として、株式会社ぐるなび会長・CEO滝久雄氏から多額のご寄附をいただいております〉と感謝の念を隠さない。前川はこう怪しむ。

「これではまるで、寄付の見返りが文化功労者の推薦と受け取られかねない。余計にまずいのではないでしょうか」

そして滝の文化功労者選定に関する疑問は、これだけにとどまらない。旧国鉄駅の看板広告事業からスタートした滝は、鉄道会社との縁が深い。国鉄が民営化される二年ほど前の八五年十一月六日、滝は贈賄事件で警視庁に逮捕されているのだ。

「民営化を前にした国鉄では、経営のスリム化にあたり、取引先の広告業者の整理をしていました。そこで取引の打ち切りを心配した滝が生き残ろうと、国鉄幹部に接待攻勢をかけ、事件を引き起こしたんです」

事情を知るＪＲ関係者はそう明かした。事実、滝逮捕の警視庁発表を受けた新聞各紙は、次のように報じている。

〈国鉄駅構内の広告看板の設置に絡んで国鉄東京北鉄道管理局事業部長が広告代理店からワイロを受け取っていたことがわかり、警視庁捜査二課は六日夜、この事業部長を収賄容疑で、広告代理店の経営者ら三人を贈賄容疑で逮捕した〉（一九八五年十一月七日付日経新聞朝刊）

この広告代理店の経営者として報じられたのが、エヌケービー社長の滝である。国鉄の事業部長を接待漬けにした挙句、数十万円分の部長のハイヤー代金を立て替え払いしてきたという。関係者によれば、滝自身は略式起訴されたそうだ。囲碁・将棋チャンネルにいる菅長男の総務官僚接待を彷彿《ほうふつ》とさせる事件だといえる。この手の事件は文化功労者選定の障害にならないのか。文科省人事課栄典班に尋ねると、こう答えた。

「刑事罰はもちろんすべて調べます。交通事故や違反も含め、どの勲章でも褒章でも、みな過去のことを確かめています。文化功労者の選定でももちろん調べます。その人が事件を引き起こしていたとわかれば、すべてやり直し。ただ、本人が隠していたり、警察で調べが漏れる可能性はあります」

かつて滝は贈賄事件を引き起こしているが、そこは問題にならないのか。そう問うと、言葉を詰まらせた。

「えっ、本当ですか、そんな事実があるのですか」

滝は東京藝大などへの寄付のおかげで紺綬褒章を受けている。ちなみに紺綬褒章は原則社会貢献のために五百万円を寄付すれば受章できるとされる。反面、栄典班の言うように褒章の対象者も厳格にチェックされる。元次官の前川にも、そこを確かめた。

「前科はかなり厳しく見ます。それどころか、役所で懲戒処分を受けているだけで、叙勲《じょくん》や褒章の対象から外していました。たとえば地方の県で校長会などの会長を経験したら叙勲対象になりますが、その人が過去に違法ストライキの組合活動などの処分歴がないか、といったところまで調べます。文化功労者でも懲戒処分の過去があったら、対象にしない。私自身、事務次官時代に懲戒処分を受けて辞めています。だから、叙勲の対象にはならないと思っています」

事件は国鉄のときだけではない。滝の率いるぐるなびが二〇一〇年代に入り、もう一つの贈収賄事件にも少なからず関係しているのである。

「マルシェ・ジャポン」事件

〇九年秋、「マルシェ・ジャポン」なる農水省の補助事業がスタートした。マルシェとは仏語の市場を意味する。都市部に仮設テントの直売市場を開設、農家が新鮮な農産物を届けるという謳い文句の農業振興事業だ。

農水省は「仮設型直売システム普及事業」と称し、ぐるなびがその全国事務局として農産物の販売業者を募り、事業が始められた。〇九年度の農水省助成予算十五億二千百万円のうち、市場調査や普及のためのPR、ウエブサイト運営を担うため、ぐるなびが四億二千万円の受け皿となった。

〇九年九月二十八日付の日本食糧新聞には、〈青空市場「マルシェ・ジャポン」始まる〉として、次のように書かれている。

〈全国事務局を主催するぐるなびの久保誠一郎社長は「ここ数年、安全・安心やメタボリックシンドローム、食料自給率、後継者など、食に関するさまざまな問題が噴出している。要因の一つに農産品が工業製品と同様の考え方で扱われていることがあると思う」とし、規格最優先の流通に頼らない「マルシェ」の意義を述べた〉

マルシェ・ジャポンの事務局はＮＰＯ法人「都市型市場を通じた未来づくりを考える全国会議」と命名された。実はそこには生産者とともに、ぐるなびの執行役員が理事として名を連ねてきたのである。

「マルシェ事業は滝さんが呼びかけ、農水省や生産者に声をかけて始めた事業です。だから事務局は有楽町のぐるなび本社の中に置かれていました。農水省としては、農産物の需要拡大を目指してきた本来の仕事で、取り立ててすごいことではありません。滝さんの声がかりでもあり、食料産業局が後押しし、大々的に展開しようとしたのです」

マルシェ・ジャポンにかかわった事業者の一人がそう打ち明ける。おまけにここにも菅の影がちらつく。こう説明してくれた。

「マルシェ事業を進めようとしていたこのときの総合食料局の課長が、菅さんのお気に入りでした。若い頃、農水省の与党連絡室にいた課長は自民党議員と親しくなり、特殊な能力を発揮したと評価されます。なかでも菅さんとの関係は彼にとって大きな力となった。同じ秋田出身ということから菅さんに引き立てられ、局長にまで昇りつめた人です。農水省としても、滝さんや菅さんお気に入りの役人が進める事業ですから、やはりサポートする以外になかったのでしょうね」

もっとも皮肉にも、マルシェ事業が始まった時期が悪かった。事業計画そのものは自民党時代だが、この年の九月、麻生太郎政権に代わり、民主党の鳩山由紀夫内閣が発足する。マルシェ・ジャポンは事業仕分けの対象となり、鳴り物入りの農水省の補助事業はあっけなく一年限りで幕を閉じた。

そして民主党政権末期の二〇一二年十一月には、これが刑事事件に発展するのである。衆院解散四日前の十一月十二日、神奈川県警捜査二課が、当時の農水省総合食料局総務課係長を収賄容疑で、野菜直販会社の社長を贈賄容疑で逮捕する。一億円もの補助事業の対象業者選定を巡り、係長が野菜販売会社社長から二百十万円も無利子・無担保で借り入れていた。捜査当局はそれが贈収賄にあたると判断。横浜地検が起訴し、農水省の係長や社長はともに有罪判決を受けている。

もとより滝本人やぐるなびの幹部が事件に直接かかわっていたわけではないだろう。だが、逮捕起訴された野菜販売会社の社長は、ぐるなびの本社内に事務局まで設置して呼びかけてきた、事業の参加メンバーの一人である。血税を投じた補助事業の足元で起きた事件であり、滝に責任がないとは言い切れない。文化功労者選考分科会のメンバーにこの件を尋ねてみた。

「会社を経営していると部下や関係者の不祥事はあります。その場合、一定期間を経ないと叙勲や褒章の対象になれないと聞きました。一説には五年以上ともいわれますが、もちろん正式なルールではない内規でしょう。ひょっとすると今度の滝さんの文化功労者選出はそこを踏まえ去年になったのかもしれませんね」

文化功労者は文化勲章に準じる栄誉だ。十二人の選考分科会の委員が毎年九月に選ばれ、二度の審議会を経てひと月あまりで決定する建前だ。が、選考委員の誰が誰を推薦するか、あらかじめ決まっており、審議会で特段の反対者がなければ、たいていそのまま決まるという。では、対象者に問題があった場合、どうするのか。

「勲章に類する選考については、あらかじめ過去の罪の調べをおこないます。警察関係に問い合わせることもあるとは思いますが、そこは間違いないようにしています」

文科省人事課栄典班ではこう言うばかりだ。前科者が叙勲対象にならない、とすれば、それはそれで問題だろう。だが、だからといって知らなかったでは済まされない。なぜこんなことが起きたのか。選考過程のどこかに目詰まりが起き、これまでと異なる歪みが生じている。そう感じる。

ペア碁の振興が認められて文化功労者に輝いた滝久雄とそれをバックアップしてきた首相の菅義偉。さらに囲碁・将棋チャンネルを放送してきた長男の東北新社もまた、ペア碁の普及にひと役買っている。それらは持ちつ持たれつの〝共助〟トライアングルのように思えて仕方がない。

法改正そのものが有利に

芸術と学術の著しい実績を称えて選ばれる文化功労者は、数年後には文化勲章にエントリーされる。文化功労者、文科勲章受章者はどちらも、十一月初旬の文化の日のあとに天皇が宮中で催す茶会に招かれる。わけても文化勲章に輝いた者は天皇、皇后と同じ円卓に着き、フランス料理のコースに舌鼓《したつづみ》を打ちながら歓談する。元文部科学事務次官の前川喜平は、二〇一六年十一月四日の茶会に参加した。

「あのときはたまたま文部科学大臣がお茶会に出席できず、次官だった私が代役として文化勲章受章者の皆さんと丸テーブルで食事をしました。天皇の隣に座らされ、私の隣が作曲家の船村徹《ふなむらとおる》さんでした。向こう側の美智子《みちこ》皇后のそばには、作家・脚本家の平岩弓枝《ひらいわゆみえ》さん。皇后と平岩さんの女性二人はずっと楽しそうに談笑していましたけど、こちら側は困りました」

前川が文化の日の茶会の模様を微笑《ほほえ》ましく語った。

「天皇と船村さんが私を挟んで会話していたのですが、それがなかなか通じない。栃木県の出身の船村さんはしきりに那須の話をしておられました。しかし、お歳のせいでものすごく耳が遠く、天皇のお言葉を聞き取れない。だから私がお二人のあいだで日本語の通訳をしなければなりませんでした」

実は船村を文化勲章に押し込んだのが、官房長官時代の菅義偉だったという。その話になると、前川の表情がくもった。

「菅さんが船村さんと親しいイメージはありませんでしたが、どうしてもとらせたいという。今年あげないとお亡くなりになるかもしれない、と言われましてね。それで、やむなく（文科省内の）関係部署に推しました。文化功労者や文化勲章にもやはり政治の力は働くものですが、船村さんはすでに文化功労者だったし資格があった。しかし、ぐるなびの滝さんのそれは、同じ政治介入でも次元が違うのではないでしょうか」

ぐるなび会長の滝は昨年、悲願の文化功労者に選出されている。カネで栄誉を買ったとまでは言わないが、文化功労者は少なくとも寄付をすれば選出されるような勲功ではない。

文化功労者の選定について、疑問を改めて整理すると二つある。一つは選考分科会で、もう一つが法改正だ。法の改正という国会議員の立法行為が文化功労者の候補資格を変えたといえる。一七年六月に施行された改正文化芸術基本法で、文化功労者の選定方針に第二十八条第二項の一文が新たに加わった。

〈国は公共の建物等において、文化芸術に関する作品の展示その他の文化芸術の振興に資する取組を行うよう努めるものとする〉

前述したようにこの〈芸術の振興に資する取組〉により、学術や芸術分野で活躍してきた第一人者に限られていた文化功労者の候補が、企業経営者にまで広がった。さらにここにある〈作品の展示〉がクセモノで、まさに滝が熱心に取り組んできた事業でもある。

もともと父親の始めた旧国鉄の駅ナカ広告事業を受け継いだ滝は、現在も日本交通文化協会理事長を務める。駅や空港、学校などの公共施設への芸術作品展示を働きかけてきた。文化芸術基本法に謳う作品の展示、つまりパブリックアートは滝の得意分野である。とどのつまり、法改正そのものが滝のためのようにも受け取れるのだ。

法改正の結果、文化功労者の選出は、それまでの十五人から二十人に増えた。増員分が企業経営者の枠である。その選出枠の拡大は、奇しくも滝が東京藝大に寄付した一八年以降からだ。そして寄付を受けた藝大学長の澤和樹が分科会で滝の推薦人だとされる。

だが、滝の文化功労者実現にかかわったのは藝大の澤だけではない。むしろキーマンは、澤の前の学長であり、二〇二一年三月まで文化庁長官を務めた宮田亮平だといえる。第二次安倍内閣で政権ナンバー2だった菅、滝、宮田、澤それぞれが極めて濃密な人間関係を築き、その先に、今度の文化功労者選定人事があると見ていいのではないだろうか。

首相と二人の藝大学長

滝を文化功労者に推薦したとされる東京藝大学長の澤について、政府の関係者は言った。

「澤さんはタナボタで藝大の学長になった人です。滝さんとのつながりでいえば、前学長の宮田さんのほうが古く、ずっと濃いでしょう。もともと宮田さんが滝さんと親しく、熱海のギャラリーにしょっちゅう出かけ、自らの作品も展示しています。宮田さんの意向を澤さんが引き継ぎ、今度の文化功労者選出になったのだと思います」

注目の宮田はイルカをモチーフにした金工作家として知られる。〇五年十二月、東京藝大の美術学部長から学長に昇進した。藝大学長時代の一一年に文化審議会文化功労者選考分科会の委員を務めているが、公式プロフィールにはその記載がない。

文化勲章や文化功労者の決定に文化庁がかかわるのは自明だが、滝や菅は宮田と極めて個人的なつながりがあるようだ。元文科事務次官の前川は図らずも、その交わりに出くわしている。

「私が文部科学審議官だったときの文化庁長官人事でした。その前の青柳正規《あおやぎまさのり》さんが一六年の三月いっぱいで退官するので、一五年から一六年の年明けにかけ、後任の長官を決めなければなりませんでした。私の案は文化行政を長くやってこられた河村潤子《かわむらじゅんこ》生涯学習政策局長。内部の女性登用案で、馳（浩）大臣も了解し、杉田（和博）官房副長官も、『女性、いいじゃないか』と喜んでいたんです」

ところが、そこに待ったがかかった。それが菅による官邸得意の差し戻し人事だ。前川がこうも話した。

「菅官房長官に私の案があがり、しばらくすると、別の人間を考えろ、となった。その菅さんの意中の人が宮田さんだったわけです。菅さんはしょっちゅう宮田さんと食事をするような間柄だと聞いていましたから、さもありなんでした」

ただし、東京藝大ではこのとき学長選挙があり、宮田が圧勝していた。来る四月以降の学長続投が決まっていたという。

「学長選挙が終わったばかりだから文化庁長官就任は無理だと思っていました。でも仮にも菅人事だから、宮田さんに打診はしました。本人が断るだろうと思っていたんです。しかし、『お引き受けします』と了承するではないですか」（同前・前川）

おそらく菅との間で話がついていたのだろう。だが、そうなると、今度は東京藝大の次期学長が問題だ。藝大では伝統的に美術学部と音楽学部との学長争いがあるが、政治力に定評のある宮田は、十年の長きにわたり美術畑の学部長として君臨してきた。その宮田が自ら後継学長を選んだ、と前川が続ける。

「学長予定者がとつぜんいなくなるから、学内は大変だったでしょう。そこで宮田さんは、学長選で次点だった音楽学部の澤さんを後継指名したのです。音楽学部は歓迎でしょうが、美術学部からは反対が出そうなものです。そこは政治力のある宮田さん、再選挙をやらずに簡単に澤さんに決まりました」

後継指名された澤は、学長の椅子が転がり込んできたことになる。そこから文化庁長官という行政のトップに就いた宮田と新学長の澤のラインができあがったという。では、その宮田と菅、ぐるなびの滝のトライアングルはどうやってできあがったのか。

「滝が菅と宮田の接着役を果たしていると思います。もともと滝はパブリックアートで宮田と関係を深め、政界で力をつけてきた菅官房長官を宮田に紹介したのでしょう」

そう推測するのは、あるぐるなび関係者だ。実際、菅、滝、宮田はこの十年来、かなり濃密な付き合いをしている。三人の関係を時系列に追っていくと、それがよくわかる。

九〇年代から現在にいたるまで、ＪＲや地下鉄の駅構内に宮田作品が設置されてきた。それを頼んできたのが滝だという。実際、滝が理事長を務める公益財団法人「日本交通文化協会」のＨＰは、これでもか、とばかりに宮田作品を紹介している。高崎駅の「幸福のだるま」や北千住駅の「乾杯」、エミエルタワー竹の塚の「竹の塚夢物語り」、東京メトロ池袋駅「幸せのリング」、上野駅の「上野今昔物語」といったアンバイだ。これらが、のちに文化功労者選出の理由となったパブリックアートだと評価されているわけである。

ちなみに宮田が訪れてきたと先に触れた滝の熱海のギャラリーは「クレアーレ熱海ゆがわら工房」という。クレアーレとは、ラテン語で「創造」という意味で、滝は定期的に「くれあーれにゅーす」なる小冊子を発行し、関係者に配ってきた。その二〇一四年十号には、特別企画と題し、宮田や滝に加え、菅自身まで座談会に登壇して、滝のインタビューを受けている。題して〈オリンピック開催を機に「文化国家日本」の宣言等について語り合う——〉。

折しも二〇二〇年東京五輪の開催が決まったすぐあとの企画だ。滝は自ら発案したペア碁を五輪競技に加えようとしてきた。それもあり、インタビューにも熱が入っている。

〈菅長官は（中略）オリンピック・パラリンピックを招致できた中心的な立場のお一人であり、これから２０２０年に向け、「文化国家　日本」を売り出す立場にもあります〉

滝がそう持ちあげ、菅がこう答えている。

〈２０２０年を新たな日本を創造する年にしたい、東京だけのオリンピック・パラリンピックではなくて、日本全体のオリンピック・パラリンピックにするのが政府の役割だと思っています〉

その二〇年の東京五輪開催はコロナのせいで実現できなかったが、滝はこの年、文化功労者に輝く。一方、菅は政権を樹立し、五輪開催に執念を燃やし続けた。

さらにこのインタビューから二年後の一六年二月、宮田の文化庁長官就任が発表された。すると、滝は日本交通文化協会で〈「1％フォー・アート」の法制化を〉とパブリックアートの法制化を訴えるようになる。

〈当協会では早くから、駅や空港、学校、図書館などの公共空間にアートを設置するパブリックアートの普及・振興に努めてまいりました。人々が日常的に芸術・文化に触れることで美的感覚や情操を養い、これがひいては社会をより多様性溢れる寛容で豊かなものにすると考えたからです〉（二月二十四日付ＨＰより抜粋）

公共建築費の一％を芸術分野に支出しようというこの運動もまた文化功労者選出を後押ししている。交通文化協会では、パブリックアートの振興を目的とすると称し、国際瀧冨士美術賞を設けてきた。文化庁長官になったあともずっと宮田が賞の審査委員を務めてきた。宮田は賞の授与式にも参加し、そこに東京藝大の澤学長が駆け付けてヴァイオリンを演奏して花を添える。そんなパターンだ。

法改正のあと、滝は東京藝大とお茶の水女子大にそれぞれ十億円ずつ寄付し、大学が国際交流施設を建てた。藝大の澤は自らの大学だけでなく、一九年のお茶の水女子大の施設竣工式でもヴァイオリン演奏を披露している。

澤は東京藝大でアート・ミートサイエンスなるプロジェクトを立ち上げて運営委員に就任。昨年九月、滝を運営委員に加えている。それは文化功労者選考のメンバーとなったあとのことだ。取材を続けてきたこの間、滝本人はもとよりぐるなびにも幾度となく質問を投げかけてきたが、頑なに取材を拒んできた。

菅、滝、宮田、澤はまさに蜜月というほか言葉が見あたらない。スポンサーの文化功労者選出実現のために悪だくみしてきたかのようだ。その複雑な人間模様には東京五輪開催に奔走する意外な人物も顔を出す。

第九章　五輪政局

菅が最も頼りにする首相補佐官の和泉洋人。コロナ禍の医療体制整備、東京五輪のロジスティクスを任されている。（写真提供：時事）

コロナさなかの盛大な宴

グルメサイト「ぐるなび」会長の滝久雄は、菅義偉政権の誕生とほぼときを同じくして文化功労者に選出された。選考理由の一つに挙げられたペア碁の普及そのものへの疑問は置くとして、そこに尽力した意外な人物がいる。五輪担当大臣から東京オリンピック・パラリンピック組織委員会の会長に転じた橋本聖子《はしもとせいこ》である。

二〇二〇年十二月十二日午後五時前、東京・永田町のザ・キャピトル東急「鳳凰の間」に彼女の姿があった。五百人を収容できる館内最大の宴会場だ。宴の題目は「東工大Hisao & Hiroko Taki Plaza竣工を祝い、滝久雄さんのこれからを応援する会」。名目上は東工大キャンパスの完成パーティだが、賓客たちは文化功労者選出を祝う宴としてそこに駆け付けた。

折悪しく、日本国中がコロナの第三波に見舞われたさなかのことだ。日本政府はこの二日後の十四日にＧｏＴｏトラベルの全国一斉停止に追い込まれた。そのうえ首相の菅は自民党幹事長の二階俊博らと高級ステーキハウス「ひらやま」で会食し、顰蹙を買う。首相がそうだから、五輪担当大臣（当時）も危機感が足りなかったのかもしれない。橋本はパーティにいそいそと出かけた。

飲食店の時短要請がなされ、ホテルは自粛ムードで客の出入りがほとんどない。鳳凰の間の前のロビーには、縄が張られて他の者が入り込めないようホテルの係員が立ち、招待客以外をシャットアウトしていた。これほど入室チェックが厳重な祝いのパーティもめったにない。

「お名前とご所属をお願いいたします」

およそ三十人のスーツ姿の男性がマンツーマンで招待客に対応し、滝の文化功労者を祝う会は六時に始まった。

会場にはAからZまである丸テーブルごとに五人の席が用意されている。隣同士がアクリル板で仕切られ、シャンパングラスとワイングラスが二セット、それと弁当がテーブルにセットされている。箸とフォーク、醤油が入った小皿が置かれている和洋折衷の様式だ。そこには、ぐるなびと資本提携し、社長を送りこんでいる楽天社長の三木谷浩史の姿もあった。パーティは滝の挨拶で始まった。

五輪担当大臣だった橋本は、この五日後の十二月十七日夜、六人が集った高級すし会食が問題になったが、滝の文化功労者を祝う会の参加者は実に百三十人にのぼる。会費は一万円とすし会食の半値だが、参加人数は圧倒的にこちらの方が多い。

五輪担当大臣がなぜ、コロナ禍のタイミングでこんな盛大なパーティに馳せ参じたのか。

菅との長い交友で知られるぐるなびの滝は、橋本とも緊密な関係にある。

五輪競技にペア碁を

「森（喜朗）さんは意気消沈するどころか、ますますお盛んに見えます。（東京五輪）組織委員会の会長を退いたすぐ後に六本木に個人事務所を構え、そこに関係者が日参している。あの橋本聖子の姿もありましたから、おそらく五輪の指示を仰いでいるのでしょうね」

森の知人がそう打ち明けてくれた。週に三度の人工透析を受けているにもかかわらず、森はいたって意気軒高なのだそうだ。例の女性蔑視《べっし》発言後、官邸に川淵三郎《かわぶちさぶろう》の後継指名をひっくり返された。代わって渋る橋本を組織委員会の会長に据えたのが、首相の菅だとされる。森、菅、橋本の人間模様はどうなっているのか。森の知人が三者の微妙な関係について説明してくれた。

「女性蔑視発言のときも菅さんは森さんのクビに鈴をつけられず、グズグズしていたところに川淵さんの後継指名が飛び出した。菅さんにとっては、それが僥倖《ぎょうこう》でした。川淵さんだと扱いづらいけど橋本さんなら菅首相自身も使いやすい。是が非でも五輪に拘る菅さんにとって最も怖いのは小池都知事であり、五輪選手だった彼女を看板に使えば小池に対抗できると考えたのでしょう。だから橋本さんを強引に、組織委の会長にもってきた」

操りやすい対小池の表看板という点では、森とも利害が一致する。官邸関係者は橋本の組織委員会会長就任について、次のような裏話を明かす。

「官邸では菅さんの指示を受け、橋本聖子はどうか、とマスコミに聞いて回っていました。かつてスケートの髙橋大輔にキスをしたセクハラ問題の影響を諮《はか》ったのでしょう。その結果、さして障害にならないと判断したようです。いまや橋本さんは森さんと菅総理の両方のパイプ役になっています」

おまけに橋本聖子の役割はそれだけではない。菅の有力な支援者であるぐるなびの滝とも昵懇なのだ。滝と橋本という意外な取り合わせを結び付けたのが、囲碁である。

旧国鉄の看板広告から事業をスタートさせた滝は、ＪＲ東日本の天皇といわれた二代目社長の松田昌士に取り入るため、松田の趣味である囲碁の振興に力を入れたという。アイデアマンの滝は男女が一組となって交互に石を置いて対局するペア碁を考案し、その普及のために財団法人まで設立した。その日本ペア碁協会の理事長に松田を戴き、本人は評議員として囲碁を五輪の正式種目にすべく奔走してきた。

そんな滝の活動に貢献した一人が、女流棋士の小川誠子《おがわともこ》（故人）だ。棋士仲間の依田紀基《よだのりもと》に聞いた。

「小川先生は顔の広い方でしたからね。橋本議員とのつながりはわかりませんが、松田さんとは滝さんより古いお付き合いかもしれません。滝（ぐるなび）会長主催の新年囲碁会に毎回参加された松田さんは『国鉄改革時代に（労働組合対策で）身の危険を感じ、ホテルに籠って小川先生と碁を打っていた』と話していました。松田さんは早打ちで有名で、小川先生とは、おそらく何千局と打っているはずです」

滝は妻の裕子を協会の副理事長に据え、裕子もまた政官業の人脈作りの一翼を担った。裕子は一九年十二月、文化庁長官の宮田亮平から令和元年度文化庁長官表彰を授与されている。宮田は東京五輪マスコット選考検討会議の座長でもあった。五輪競技としてペア碁といってもあまりピンとこないかもしれないが、ぐるなび関係者の説明によれば、当人たちは至極真面目に普及に取り組んでいるという。

「北海道が地元の橋本さんは、政治家になるにあたり、北大出身の松田さんから支援を受けてきました。日本棋院に影響力のある滝さんは、小川さんを通じて橋本さんに近づいていったのかもしれません。とりわけ協会の経理担当副理事長の裕子夫人が橋本さんと懇意になり、五輪競技にペア碁を推すようになったと聞いています」

橋本は滝との関係について小川の紹介ではないというが、ＪＲ東日本の松田を中心に、文化庁の宮田、滝夫妻、橋本たちは、そのキズナを深めていく。むろんその交友の輪のなかには菅も加わってきた。

ちなみに菅の長男が重役を務めてきた東北新社子会社の「囲碁・将棋チャンネル」と菅や滝のかかわりはすでに書いた。また滝の催した一四年の「国際アマチュア・ペア碁選手権大会」の表彰式には、菅が官房長官として優勝ペアに内閣総理大臣賞を手渡している。

いわば橋本はそのあとから菅の役割を引き継ぐかのように、ペア碁の大会に姿を見せるようになる。一六年七月の「ペア碁ワールドカップ2016東京」では、橋本がゲストに招かれてスピーチした。この年十二月の「国際アマチュア・ペア碁選手権大会」では、同じようにこう挨拶している。

「二〇二〇年の東京オリンピック・パラリンピックに向けて、ペア碁およびマインドスポーツとのコラボレーションを目指し、素晴らしい文化の発展に寄与させていただきたい」

橋本はペア碁の大会が開かれるたび、毎回のように会場に駆け付けてきた。「世界ペア碁最強位戦2017」には大会顧問として名を刻んでいる。なぜか二〇二〇年の大会は欠席しているが、橋本はこの五年間、「プロ棋士ペア碁選手権」、「世界ペア碁最強位戦」と毎回のように参加し、挨拶してきた。まさしく皆勤賞ものだ。わけても一九年十二月の「国際アマチュア・ペア碁選手権大会」の三カ月前には、橋本が五輪担当大臣に就任、ペア碁大会のスピーチで会場を大きく沸かせた。

「先ほど松田（大会）会長からは、考案をした滝名誉会長にはぜひノーベル賞をというお話でありましたけれど、私の役割は、ペア碁をオリンピック種目にすることだと思っております。オリンピック・パラリンピックというのはスポーツの祭典だけではなくて、芸術や文化やあるいはファッションも含めてすべてにおいて融合された東京大会でありたい……」

五輪は文部科学省、文化庁の所管であり、担当大臣としてそこを意識した話だ。むろん東京五輪の競技にペア碁が加わることはなかったが、関係者たちは真顔で近い将来、五輪種目に加えようと働きかけてきた。

橋本がコロナ禍で滝の盛大なパーティに参加したのは、菅の代理だったのではないだろうか。そうも思えてくる。首相の菅とぐるなびの滝、東北新社、文化庁の宮田、そこに新たに組織委員会の会長になった橋本と縁故が広がり、五輪に突き進んだ。それはコロナ禍の出口がまったく見えないなかでの無謀な突進というほかなかった。

五輪・ワクチンのロジ担当補佐官

武漢発のコロナウイルスは英国型に変異して世界中を襲い、さらにインドのデルタ株が日本に上陸している。第四波と呼ばれる新型コロナの流行が全国に広がり、日本政府はますます迷走した。広島、岡山、北海道の三道県が要請していた緊急事態宣言の適用について、二〇二一年五月十三日夜の段階で、首相の菅義偉はいつものごとく、まん延防止等重点措置で乗り切れると甘く見た。新型コロナ対策大臣の西村康稔や厚労大臣の田村憲久《たむらのりひさ》にそう伝え、自民党や公明党の幹部に根回ししたうえで、明くる十四日、基本的対処方針分科会に諮問した。これも例によって、専門家に自らの方針を追認させるつもりだった。

ところが、今度ばかりは分科会が首相の楽観方針を受け入れなかった。

「北海道、岡山、広島は緊急事態宣言に格上げすべきです」

基本的対処方針分科会の席上、立ちあがった日本医師会の釜萢敏《かまやちさとし》常任理事がそう猛反対した。泡を食ったのがコロナ担当大臣の西村だ。慌てて首相官邸の首相執務室に駆け込んだ。

「それが専門家の意見だろ、なら仕方ないな」

西村の報告を受けた菅はそう投げやりに言い、一夜で前言を翻した。

なぜこうもコロナ対策の腰が定まらないのか。それは、「すべて東京オリンピック・パラリンピックの開催ありき、で発想してきたからだ」と霞が関の官僚たちは異口同音にそう嘆く。たとえば五月の中旬に会ったある外務省幹部はこう不満をぶちまけた。

「菅総理はなんとしても東京オリパラをやろうとしています。開催できるかどうか、という疑問なんてまったく頭にありません。それがこのあいだ、はっきりしました。五輪を開催するとなれば、世界中から国家元首クラスの要人を招待します。開催まで二カ月を切った現在でも、計画の検討や変更などの指示がない。それどころか、ここへ来て外務省に、五輪に向け在外公館の幹部職員を呼び戻すよう帰国指示を出しています」

「ヨシ」「ジョー」と互いに呼び合って親密さを演出した四月十六日の日米首脳会談では、菅が事前にバイデンを開会式に招待することを伝えていたにもかかわらず、当のバイデンは誘いに乗らず。いつもの菅のフレーズを引用しながら「安心、安全な大会を開催するための菅総理の努力を支持する」とはぐらかし、東京五輪訪日の明言を避けた。トランプとは異なり、バイデンは日本の五輪開催に懐疑的だったといわれる。外務省幹部が続けた。

「ただ、本当に開催するとなれば、準備はしなければならない。米国のような大国の元首を迎えるとなれば大変。二月に韓国大使から駐米日本大使になった冨田《とみた》（浩司《こうじ》）さんだけでなく、かつて菅官房長官時代に秘書官を務めた本省の市川恵一《いちかわけいいち》北米局長などが中心となってチームで計画を立てなければなりません。むろん先進主要国だけでなく、アジアやアフリカ、中南米などの発展途上国からも元首を招く。むしろ小さな国のほうが日本の首相に会って外交アピールしたいので積極的です。で、それぞれの国家元首のアテンド役を用意しなければならない。そのためにあらかじめ在外公館から幹部を帰国させているわけです」

いってみれば、これも東京オリンピック・パラリンピックのロジスティクス準備の一環といえる。結局、バイデンは訪日せず、夫人のジルが代理で開会式に出席した。それら五輪のロジを指揮してきたのが、首相補佐官の和泉洋人だ。新型コロナのワクチンの調達をはじめ、医療体制の整備に取り組んできた和泉は、首相の意向に従い、五輪をいかにして開催するか、それだけに腐心しているのだという。

誰もダメ出しできない

安倍晋三政権時代の和泉は、厚労省の幹部を補佐官室に呼びつけ、逐一コロナの感染状況を報告させてきた。ときには首相の安倍より頻繁におこなってきたブリーフィングを、厚労省では「御前報告」と揶揄する声もあったほどだ。そして菅政権が発足すると、和泉は厚労省幹部たちを引き連れ、菅のいる首相執務室を頻繁に訪ねるようになる。たとえば五月初旬の首相動静から和泉が登場する部分だけを抜き出すと、以下のような具合だ。

二日午後三時二分、三木谷浩史楽天グループ会長兼社長から新型コロナウイルス感染症のワクチン接種に関する提言書受け取り。五十五分、藤井健志官房副長官補、和泉洋人首相補佐官、吉田学新型コロナウイルス感染症対策推進室長、厚生労働省の樽見英樹事務次官、福島靖正医務技監。

四日午後三時五十八分、和泉洋人首相補佐官、吉田学新型コロナウイルス感染症対策推進室長、厚生労働省の樽見英樹事務次官、福島靖正医務技監。四時二十七分、和泉氏。

五日午後三時三分、藤井健志官房副長官補、和泉洋人首相補佐官、吉田学新型コロナウイルス感染症対策推進室長、厚生労働省の樽見英樹事務次官、福島靖正医務技監。四十七分、藤井氏、和泉氏出る。五十九分、田村憲久厚労相、赤羽一嘉国土交通相、加藤勝信官房長官、西村康稔経済再生担当相、藤井氏、和泉氏、吉田氏、樽見氏、福島氏。

六日午後四時五十八分、田村憲久厚生労働相、赤羽一嘉国土交通相、加藤勝信官房長官、西村康稔経済再生担当相、藤井健志官房副長官補、和泉洋人首相補佐官、吉田学新型コロナウイルス感染症対策推進室長、福島靖正厚労省医務技監。


いかに和泉が菅に頼られているか一目瞭然《りょうぜん》である。和泉は厚労省だけでなく、古巣の国交省はもとより外務省や経産省などの幹部たちといっしょに首相ブリーフィングに同席し、政策を提言してきた。なかでも菅は目下の最重要課題であるコロナ対策と五輪開催を和泉に託してきた。だが、厚労省のある医系技官は菅の思い通りに行政が動いていない、と指摘する。

「実のところ和泉さん自身、五輪の開催は無茶で、無理だとわかっています。コロナで崩壊寸前にある医療体制の圧迫がしばしば取りあげられるなか、五輪に向け二百人の医師と五百人の看護師が必要だといわれています。だが、それで足りるわけがありません。五輪などの国際イベントになると、日本救急医学会に依頼し、救急救命のスペシャリストを待機させなければなりませんが、救急医学会はコロナでそれどころではない。政府はスポーツドクター二百八十人のボランティアの応募があったなんて発表していますが、彼らに救急対応ができるわけがありません」

従来、海外からやって来る五輪の選手団、関係者は十八万人と予想されていたが、日本政府はそれを九万人に絞り込んだ。選手一万人に関係者八万人という数字を弾いているようだ。ＩＯＣによれば、七月二十五日までに訪日した選手を含む五輪関係者は三万五千七十九人だという。その感染者の治療をどうするのか。万全な体制が整えられるとはとうてい考えられない。さらに医系技官はこう憤った。

「感染症対策の医師はすでに手いっぱいだけれど、それだけではありません。東京と大阪で自衛隊の医師団がワクチンの集団接種に駆り出されますけど、もともと彼らは安全保障・危機管理を担っている。危機管理が専門のはずである警察ＯＢの杉田官房副長官のアイデアに総理が飛びついたわけです。けれど、五輪などの大きな国際イベントの場合、自衛隊の医務官たちはそこに備えなければならない。それがワクチン接種で出払っており、もし五輪のさなかに化学テロや大災害などが起きたらアウト。そんなことは和泉さんもわかっているけど、誰も菅総理にはダメ出しをしない状況が続いているのです」

菅のブレーンの一人に数えられる楽天社長の三木谷浩史でさえ、東京五輪に対しては手厳しい。日本が今夏に東京五輪を開催するのは自殺行為だときっぱり指摘した。

コロナ禍では、小手先の救済策は通じない。ＧｏＴｏイートでサイトの飲食店予約とともに店が繁盛すれば、客の三密になり、感染者は増える。案の定、日本列島は昨秋以降、新型コロナウイルス第三波に襲われた。政府は慌てて二〇二〇年十一月二十四日から食事券の新規発行を一時停止し、飲食予約サイトのポイント利用を控えるよう、呼びかける以外になかった。

皮肉にも、そのせいでぐるなびは、ＧｏＴｏイートのうま味が薄れた。瞬く間にネット予約の手数料売上げが落ち込み、結果、二〇二一年三月期決算では、九十七億円の赤字を計上する羽目になる。

終章

一強政権の末路

東京オリンピック・パラリンピックの盛り上がりを受け、内閣支持率を回復させ、解散・総選挙を目論んでいたとされる菅。その思惑は見事に外れた。
（写真提供：時事）

テンセントリスク

「これで大きな人減らし、リストラをしなくて済んだ。さすが菅さん、よくやってくれたよ」

二〇二一年三月、ぐるなび会長の滝久雄は、親しい知人たちにそう自慢したという。改めて注釈を入れるまでもなく「菅さん」とは、現内閣総理大臣の菅義偉だ。人員削減をしなくて済んだという言葉は、楽天の資金繰りの目途が立ったことを意味する。

なぜ滝が楽天の資金繰りを喜んでいるのか。理由は簡単、いまやぐるなびと楽天が一体化しているからだ。ぐるなびの筆頭株主である楽天の資金繰りとは、四月に実施した第三者割当増資を指す。調達総額二千四百二十三億円。うち千四百九十九億円の増資分を日本郵政が引き受け、中国ネット大手のテンセント（騰訊控股）が六百五十七億円、米小売り大手のウォルマートなどが百六十六億円を出資した。

楽天は携帯電話事業参入のための費用が嵩《かさ》み、二〇二〇年十二月決算で千百四十一億円の巨額赤字を計上する。資本・業務提携をしているぐるなびもまた、コロナ禍で全国の飲食店経営が行き詰まったことで、窮地に陥っている。政府が無理やり始めたＧｏＴｏキャンペーンでひと息ついたかに見えた矢先、昨秋以降のコロナ第三波や二一年に入ってからの第四波、第五波に見舞われ、ピンチが続いてきた。

そんな折の楽天の資本増強だけに、滝がもろ手を挙げて歓迎するのは無理もない。楽天は増資分のおよそ二千四百億円について、4Gや5Gの基地局整備など携帯事業に充てるというが、資金的な余裕ができるのは間違いない。

そしてこの増資計画を後押ししたのが、首相の菅だと伝えられる。楽天の三木谷浩史も、携帯電話料金の引き下げを大看板に掲げる菅政権にとって、大切なブレーンだ。二人が結びついた上、菅にとってさらにもう一人の盟友が加わった。ある官邸の関係者が話す。

「日本郵政の増田寛也社長は、第一次安倍政権時代に郵政民営化を進めた菅さんの後継の総務大臣です。二〇一六年七月の東京都知事選では、官房長官の菅さんが小池百合子さんの対抗馬として増田さんを擁立した。都知事選敗北後に、菅さんが増田さんを日本郵政の社長に据え、楽天の増資計画を斡旋《あっせん》した、といわれているのです」

日本郵政は千四百九十九億円を出資した結果、楽天の八・三二パーセントという大株主になる。同社は政府が六割の株を保有する公的な会社だけに、菅が承知していない限り、これほど大掛かりな出資はできない。

ところが、好事魔多し、とは、まさにこのことだろう。楽天の資金調達先が外国企業であることが問題になる。それが中国のテンセントだ。すでに三月三十一日に六百五十七億円を払い込み、出資比率は三・六五パーセントにのぼった。日本郵政に次ぐ二番手の出資である。

東北新社問題でクローズアップされた放送法と同じく、日本のIT企業にも安全保障上、外国為替《かわせ》及び外国貿易法（外為法《がいためほう》）による外資規制が適用される。外国資本が一定の株主比率を超えて株主となる場合、事前に政府に報告して機密情報漏れの恐れがないか、審査を受けなければならない。

従来、一〇パーセント未満なら報告義務を免除してきた外資の出資比率が、二〇一九年の法改正で一パーセント未満と厳格化され、二〇年五月に法施行された。ちなみに米ウォルマートの出資比率は〇・九二パーセントなので、外為法には抵触しない。

この外資の規制・監視は昨今の米中冷戦が大きく影響している。中国への情報漏れを懸念した米国が圧力をかけ、日本の外為法の法改正がなされた格好だ。いまやIT企業に対する外資規制は世界的な潮流となり、グーグルやアップル、フェイスブック、アマゾンのGAFA四強なども、米当局からやり玉に挙げられている。いきおい米国は楽天やソフトバンクグループなど、日本のIT、通信業者に対する監視の目を光らせている。

その米中冷戦の真っただ中にテンセントによる外為法違反の疑いが浮上したのである。おまけに、そこには菅首相自らの足跡が残っているのだから、深刻な事態なのだ。

図らずも楽天の三木谷は日本郵政の増田とともに増資を発表した三月十二日、こう吐露している。

「（これから）デジタル化の進展で、世の中が根本的にかわる五年になる。ＥＣ（ネット通販）や金融、新規事業でも攻める戦略を継続するため、日米中三社から出資を受けた」

テンセントも同じく楽天の中国事業の手助けをするかのように発表した。中国ネットの大手企業であるテンセントは、中国共産党の影響下にあるとされるだけに、本来、日米が最も神経を尖らせるべき相手だ。

この増資発表会見から一転、テンセントは楽天に対する純投資であり、役員なども送り込まないと発表内容を変えた。単なる投資なら外為法の枠から外れるためだ。だが、むろんそれは額面通りには受け取れない。先の官邸関係者は、この件をテンセントリスクと呼んだ。こう指摘する。

「とりわけテンセントリスクは米国の関心事です。日米首脳会談で正式な議題としてとりあげられなかったけど、バイデン大統領としてもこのまま放置はできない。なぜ楽天がテンセントから資金提供を受けることになったのか、この先、そこが追及されることになる」

四月十七日、菅が初めて臨んだバイデンとの日米首脳会談では、さすがにこの件には触れなかった。だが、日本政府には水面下で相当なプレッシャーがかかっているという。

東京五輪への暴走

東京オリンピック・パラリンピックに前のめりの菅政権は、ワクチン政策の出遅れを取り戻すべく、一日百万回の接種目標を謳い、総務省に指示を飛ばしてきた。多くの政府関係者は官邸のそんな姿にむしろ不安を募らせてきた。内閣官房幹部はこう言った。

「総務省では事務次官の黒田（武一郎）をはじめ、旧自治省系の幹部たちが菅首相直々の指令を受け、全国の自治体に接種会場をできる限り多く設置して接種を早めるよう電話をかけまくってきました。おかげで当初、早くて八月末といわれていた高齢者のワクチン接種のスピードが大幅に上がったけど、そこには無理もあります」

〝総理の天領〟と呼ばれる総務省のなかでも、旧自治省系の幹部たちは菅の総務大臣時代、その強権ぶりを肌で感じ取ってきた。菅自身が推し進めたふるさと納税の政策現場の混乱はいまだ語り継がれる。二〇一四年六月、ふるさと納税に異を唱えた自治税務局長の平嶋彰英が官房長官執務室に呼びつけられ、叱責を受けた。現事務次官の黒田は内閣官房内閣審議官としてまさにその現場に立ち会っている。先の内閣官房幹部はこう指摘した。

「自治財政局や自治行政局で課長を歴任してきた黒田さんは、次官候補と目されてきた平嶋さんの受けもよかった。地方財政や税制を熟知しているので、ふるさと納税の欠陥についても承知しているはずでした。しかし、ふるさと納税で抵抗する平嶋さんを庇うどころか、菅さんの前ではひと言も口を挟めない。それで、平嶋さんは結局、左遷されてしまった。そんな光景を目の当たりにしてきたから、菅さんの機嫌を損なわないように、今も必死なのだと思います」

菅は二〇二一年四月二十三日の記者会見で、六十五歳以上の高齢者に対する新型コロナウイルスワクチン接種を七月末に完了するとぶち上げた。そのための一日あたり百万回接種目標だったのだが、自治体の尻を叩きすぎた無理がたたり、五輪前にワクチンの供給が追い付かなくなってしまった。

菅自身が「ワクチンはコロナ対策の切り札」と公言して憚らないように、菅政権はワクチン一本脚打法で、七月二十三日開幕の東京五輪に突き進んだ。唐突に打ち出した自衛隊の医師団によるワクチンの集団接種も然りだ。

集団接種は政権を支える二人の官邸官僚の一人である官房副長官の杉田和博の発案だといわれる。杉田のアイデアに対し、ワクチン行政を一手に握る首相補佐官の和泉洋人が接種を管理、実行してきたという。

東京の会場で一万人、大阪で五千人の合わせて一日一万五千人分のワクチンを打つ光景を国民に見せつければ、そのデモンストレーション効果は絶大、と期待したのだろう。だが、しょせん思い付きの政策でしかない。仮に日々一万五千人が接種会場に殺到しても、ワクチンは百日で百五十万人分にしかならない。おまけにそれすら大きくアテが外れ、予約が入らずにガラ空きになってしまった。政府は予約を埋めるため、それまで首都圏、関西圏に限定していた接種対象者を全国に広げてみたり、さらに六十四歳以下の成人を加えようとしたり、と大わらわとなった。だが、すでに全国の多くの自治体で集団接種が始まっており、もはやそれもあまり意味がなかった。

菅は七月二十三日から九月五日までの東京オリンピック・パラリンピックが閉幕した後、すぐに衆院を解散し、十月に総選挙を実施するスケジュールを描いてきたといわれる。オリパラで国内が盛り上がれば一挙に内閣支持率が回復、その頃にはある程度ワクチンが行きわたり、コロナの収束が見えてくるという算段だ。

しかし、これもまた根拠の乏しい単なる希望的観測に思える。

「ロックダウンしてもコロナは収束せず、ワクチンで日常を取り戻した」

菅がそう持ちあげた先のG7サミット開催国、英国では七月中旬には、一日あたり五万人を超える新規感染者が出るようになった。六千七百万足らずの英国の人口は、日本のおよそ半数の国民であり、これを単純に日本に換算すれば一日あたり十万人の新規感染に相当する。緊急事態宣言馴れして感染者の抑え込みに失敗している日本国内の感染者の、二十倍以上という驚くべき数字なのである。

Ｇ７の終了後、菅は「東京オリンピック・パラリンピック開催に各国から強いご支持をいただいた」と記者会見し、ますます五輪への意欲をあらわにした。だが、サミットに同行した政府幹部はこう漏らした。

「残念ながらＧ７では各国首脳から東京五輪を支持するという強い支持メッセージはありませんでした。あの会見は菅首相の思いを英訳して各国のプレスに伝えたにすぎません」

いずれはコロナも収束する。しかし、それはもう少し先の話だ。政府関係者の多くはコロナの脅威に怯えながら、目をつぶってパンデミック禍の五輪開催へと暴走した。

安倍官邸官僚政治の劣化版

憲政史上最長となった安倍政権を継承し、菅が日本政府の舵取りを始めて一年が経過した。この間、何がどう変わったのか。菅政権はいったい何をしようとしたのか。

菅政権のコロナ対策は混乱し、ワクチン接種も完全に出遅れた。なぜこんなことになったのか、といえば、その元凶は菅官邸を仕切っている官邸官僚であろう。

戦犯の一人が和泉洋人だ。「首相補佐官（国土強靭化及び復興等の社会資本整備、地方創生、健康・医療に関する成長戦略並びに科学技術イノベーション政策その他特命事項担当）」という立場で、菅政権の政策全般を担当している。

和泉は安倍政権の時代から首相補佐官を務め、官邸のコロナ対策を担当してきた。ことに「ポスト安倍」として菅が復権していった二〇年七月あたりからいっそう存在感を増していった。菅政権の発足後は文字どおり官邸官僚のトップとして権勢を振るっている。

和泉は厚労省の幹部を連れて連日首相の執務室を訪ね、菅にさまざまな政策内容を報告している。菅は和泉を最も頼りにしているため、それは厚労省だけではなく国交、外務、防衛、財務、文科など、あらゆる省庁におよんだ。首相補佐官はその肩書どおり、首相の政務を補い、省庁の調整役を期待されるが、むしろ混乱している。

そしてもう一人の元凶が官房副長官の杉田ではないか。自衛隊によるワクチンの集団接種もその一つだろうが、やはり、内閣人事局を通じた官僚支配が問題で政策の目詰りを起こす要因に思えてならない。

官邸官僚による政治は安倍・菅の両政権に共通している。安倍政権では今井尚哉が中心になり、菅政権では和泉と杉田がそれぞれ官邸政治の舵を握っている。だが、そこにも違いがある。安倍官邸では、今井が官僚のみならず政治家にすら影響力を行使してきた。たとえば経産省の後輩である西村康稔経済再生担当大臣をコロナ対策担当大臣に担ぎ上げ、経産省出身の配下を使って政策を実行してきた。そうして安倍政権における政策全般を差配してきた。

私はその今井と一度しか会ったことがないが、首相に尽くすある種の覚悟を感じた。国家安全保障局長の初代局長だった谷内正太郎が書いた首相親書を自ら書き換えた、と平然と言ってのけた。それまでの慎重姿勢から、中国の習近平が掲げる「一帯一路」に日本政府も協力するという意思表示をしたのである。ことの是非は置くとして、とどのつまり今井は、こうした国家の方向性を定める政治責任まで負っていた。少なくとも本人はそのつもりだったのだろう。

官僚が政治責任を負うのは異常ではある。しかし、責任の所在がハッキリしていたのも事実だった。決して褒めるつもりはなく、その政策はことごとく失敗したが、安倍官邸は今井尚哉という「政治家体質」の特異な官僚の存在によって成り立っていた。

ところが菅官邸では、責任の所在がまったく曖昧《あいまい》になっている。采配を振るっている和泉はあくまでも「官僚体質」の役人というほかない。首相の命令を聞くだけで自ら判断はせず、政策を提案はするが自ら責任はとらない。政策の発案は、ほとんどが在野のブレーン、つまり業界からの陳情だ。それを菅が受け売りし、和泉が霞が関の官僚たちに実行を命じる。結果、もはや官邸官僚主導型の政策すら動かない。

安倍政権と菅政権の官邸官僚は似て非なるものであり、菅官邸は「安倍官邸の劣化版」

だということだろう。自ら責任を負わない役人でありながら、国策を左右するほど強大な権力を持っている。

政治責任を負うのが選良である政治家の責務なのは自明だが、それができないため、官邸官僚という特異な存在が生まれた。挙句、政策の主体は誰か、責任の所在はどこにあるのか、それらが置きざりになり、政府全体が機能不全に陥っているというほかない。

おわりに

平時の二〇一二年ロンドン大会はおよそ八十人、ジカ熱で混乱した一六年のリオ大会でさえ四十人前後いた。近年二大会の五輪開会式に出席した外国首脳級の数である。それが東京大会は十五人ほどしかいない。あれほど日本政府が熱望したジョー・バイデン米大統領の訪日は叶わず、ジル夫人の代理参加でなんとかかっこうをつけたが、先進七か国（G7）の国家元首はエマニュエル・マクロン仏大統領一人だ。隣の韓国の文在寅《ムンジェイン》大統領も来なかった。

開会式には日本の皇族の姿もない。海外マスコミのなかには「地味な五輪開会式」と揶揄した報道もあったが、異様な空気を感じた。開会宣言で天皇が左右に目配せしながら立ちあがって話を始めた。なのに、隣席の日本の首相は座ったまま、東京都知事の小池の動きを横目に見て慌てて腰をあげ、顰蹙を買う始末だった。

国民の七割以上が反対しているにもかかわらず、菅は今夏の五輪開催にこだわった。それでいてコロナ禍の五輪開催の意義について質《ただ》されても答えられず、専門家や野党から中止や延期を提案されても頑なに拒んだ。開催までふた月を切ってＪＯＣの経理部長が謎の死を遂げ、自民党内ですら五輪開催へのこだわりを訝《いぶか》る声が聞こえてきた。

そして「いざ開催すれば盛り上がる」「ワクチン効果でパラリンピックのときは緊急事態宣言を解除できる」と高をくくっていた官邸のアテは完全に外れた。コロナ第五波の緊急事態宣言さなかの五輪開催は、多くの国民が案じたとおり、爆発的な感染を呼びこんだ。開催一週間で、多くの自治体が八月末まで緊急事態宣言の実施を強いられた。

そもそも東京五輪は、政府や東京都の旗印が二転三転してきた。誘致のときは「東北震災からの復興」と謳い、一年延期を決めると「コロナに打ち勝った証として完全な形で開く」と大ぼらを吹いた。それも危うくなると、「コロナで分断された人類の団結を」とスローガンを替える。だが、それらの旗はいまやすっかり色あせ、意味を失くしてきたといっていい。

「賛否両論があることは理解しています。ですが、われわれアスリートの姿を見て、何か心が動く瞬間があれば本当に光栄に思います」

史上最多九つの金メダルをとった日本柔道の大野将平《おおのしょうへい》の言葉は、たしかに強く印象に残った。半面、ここまでの苦悩と肩身の狭い思いに追い込んだのは誰か、と言いたくなる。

菅が五輪にこだわったのは、人類の団結のためでも、アスリートの美しい姿を世界に見せたかったからでもない。五輪で内閣支持率を浮揚させたい、秋の自民党総裁選と総選挙のために……。そんな単純で身勝手な思いつきが透けて見える。そこには国家の舵を預かる為政者の責任は微塵《みじん》も感じられない。
政権の墜落、それは必然だった。

二〇二一年八月

森　功

カバー・扉写真　共同通信（菅）、文藝春秋（安倍）
装幀　　　　　　番洋樹
コラージュ　　　増田寛

森功（もり・いさお）
1961年福岡県生まれ。岡山大学文学部卒。出版社勤務を経て、2003年フリーランスのノンフィクション作家に転身。08年に「ヤメ検―司法に巣喰う生態系の研究」で、09年に「同和と銀行―三菱東京UFJの闇」で、2年連続「編集者が選ぶ雑誌ジャーナリズム賞」作品賞を受賞。18年『悪だくみ「加計学園」の悲願を叶えた総理の欺瞞』で大宅壮一メモリアル日本ノンフィクション大賞を受賞。近著に『官邸官僚 安倍一強を支えた側近政治の罪』『鬼才 伝説の編集人 齋藤十一』『菅義偉の正体』『ならずもの 井上雅博伝―― ヤフーを作った男』など。

本書は書き下ろしです。

墜落《ついらく》
「官邸《かんてい》一強《いっきょう》支《し》配《はい》」はなぜ崩《くず》れたのか

2021年9月10日 第1刷発行
2021年10月5日 第2刷発行

著者 森《もり》功《いさお》
発行者 大松芳男
発行所 株式会社 文藝春秋
〒102-8008 東京都千代田区紀尾井町3-23
電話 03-3265-1211
印刷 理想社
付物印刷 萩原印刷
製本 大口製本
組版 東畠史子

ISBN978-4-16-391429-9 Printed in Japan